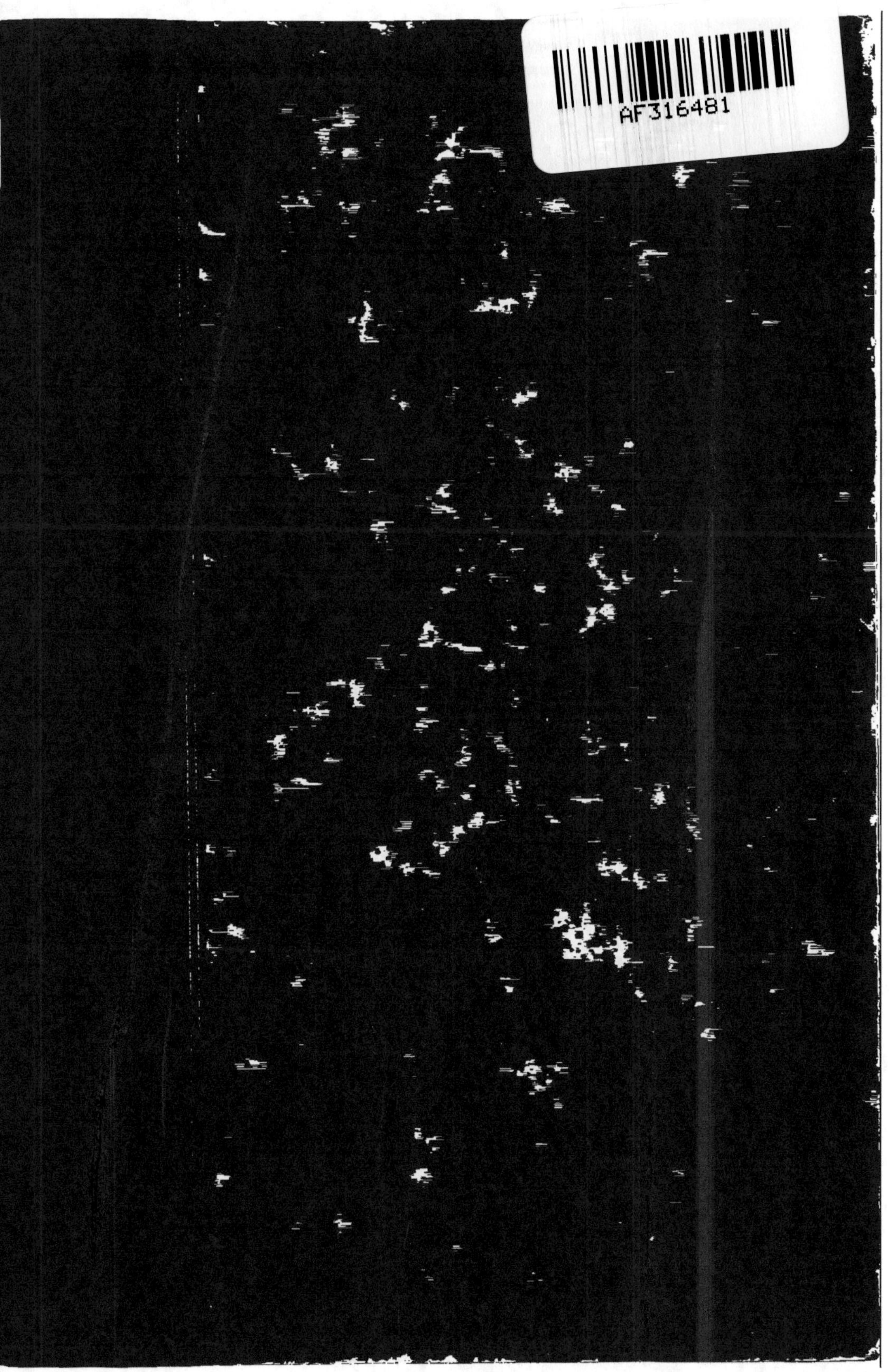

DU

COMMIS-VOYAGEUR

ET DE

SON PRÉPOSANT

DIJON, IMPRIMERIE J.-E. RABUTÔT, PLACE SAINT-JEAN.

DU
COMMIS-VOYAGEUR

ET DE

son Préposant

TRAITÉ SUIVI D'UN APPENDICE

SUR LES

REPRÉSENTANTS DE COMMERCE

PAR

H. F. RIVIÈRE

Avocat, Docteur en droit, Membre correspondant de l'Académie
de législation de Toulouse

COURONNÉ PAR L'ACADÉMIE DE LÉGISLATION

PARIS

MARESCQ aîné, rue Soufflot, 17

COSSE et MARCHAL	**E. DENTU**
PLACE DAUPHINE, 27	PALAIS-ROYAL, 15, GALERIE D'ORLÉANS

LIBRAIRES-ÉDITEURS

—

1863

AVANT-PROPOS

Dans les quelques lignes placées en tête du ma-
nuscrit que j'eus l'honneur d'adresser à l'Académie
de législation de Toulouse, pour le concours général
ou libre de l'année 1862 (1), je m'exprimais ainsi :
« La matière qui fait l'objet de ce travail n'a jamais
été sérieusement étudiée. Les traités de droit civil ou
commercial ne renferment que de rares généralités.

(1) Aux termes d'une délibération du 19 juin 1861 : « L'Académie
se réserve de décerner une ou plusieurs médailles d'or aux travaux
les plus remarquables qui pourront lui être adressés par les auteurs,
sur un sujet de leur choix, et se rattachant à une des branches de
la science juridique. » (*Recueil de l'Académie*, vol. X, 2ᵉ part., p. 601.)

Les répertoires les plus volumineux donnent seulement la définition du commis-voyageur, et se bornent à renvoyer au mot *mandat*, sous lequel ils reproduisent quelques sommaires d'arrêts. Cependant, si on se rappelle le nombre de négociations qui s'effectue chaque jour par l'entremise des *voyageurs de commerce,* on ne contestera point l'utilité pratique de ce sujet. On verra également que, sous le rapport théorique ou doctrinal, il nécessite l'application de plusieurs principes très importants du droit civil ou du droit commercial, et qu'il fait naître des questions assez ardues : *plus habet in recessu quam prima fronte promittit.*

« Puisse cette composition mettre en relief quelques doctrines exactes et fécondes, sur une matière qui n'a été réglée par aucun texte spécial, et pour laquelle il n'existe d'autre guide que les décisions d'une jurisprudence parfois contradictoire et souvent incertaine ! »

Les précieux suffrages de l'Académie sont venus me confirmer dans l'idée que je pouvais avoir de l'utilité de mon étude, et m'ont déterminé à la livrer à la publicité. J'aime à espérer que l'opinion des lecteurs, toujours si bienveillante pour mes travaux, ratifiera la décision des savants juges de Toulouse.

J'ai expliqué, dans un appendice, les règles qui

gouvernent d'autres auxiliaires des négociants, les *Représentants de commerce*, sujet fort peu exploré aussi, et sur lequel je me permets d'appeler toute la sollicitude de nos législateurs, en proposant une réforme basée sur la liberté du travail (1). Je serais heureux si mon humble et faible voix pouvait être entendue, et s'il m'était donné de voir encore une fois consacrer une des conséquences d'un principe dont j'ai souvent réclamé l'application (2).

En demandant sur ce point, comme sur plusieurs autres, des améliorations dans notre législation, je pense avoir toujours présenté mes observations avec autant de modération que de sincérité (3). Animé d'une profonde conviction, j'ai pu critiquer sévèrement certaines dispositions de nos codes; mais je ne croirai jamais manquer de respect à nos lois pour en souhaiter

---

(1) *Voy.* l'Appendice, nos 32 et 89.

(2) *Voy.* notamment mon *Examen du Régime de la propriété mobilière en France, passim*; mon *Précis hist. et crit. de la législation des Céréales.*

(3) On lit ce qui suit dans un rapport fait à l'Académie de législation sur quelques-uns de mes ouvrages : « Les idées progressives n'effraient pas M. Rivière; elles l'attirent. Après leur apparition, il veut leur développement. Répétons toutefois qu'il ne cherche point le progrès hors de la sagesse. Pour les vérités les mieux démontrées à ses yeux, soit par l'histoire, soit par la raison, il sait attendre l'époque de la maturité, et il ne veut pas compter sans l'action du temps. » (*Recueil de l'Académie de législ.*, année 1860, vol. IX, p. 306.)

de plus parfaites, et je me ferai toujours un devoir de signaler franchement, et dans la mesure de mes forces, celles qui ne me paraîtront plus en harmonie avec les progrès accomplis.

Le 2 janvier 1863.

DU
COMMIS-VOYAGEUR
ET DE
son Préposant.

SOMMAIRE.

1. — Division.

1. — Notre sujet est divisé en cinq chapitres, dans lesquels nous traiterons successivement :

1° De l'origine, de l'utilité et des caractères du commis-voyageur;

2° Des rapports entre ce préposé et son préposant, — ce qui comprendra la nature, la formation et la preuve du contrat intervenu entre eux, les obligations du commis-voyageur vis-à-vis de son patron, et, réciproquement, celles du patron vis-à-vis de son commis;

3° Des rapports entre le préposant, ou le commis-voyageur, et les tiers ;

4° De la cessation des fonctions du commis-voyageur ;

5° Enfin, de la compétence relative soit aux contestations existant entre le préposant et les tiers, soit aux difficultés qui s'élèvent entre le préposant, ou les tiers, et le commis-voyageur.

Chacun de ces chapitres sera subdivisé en autant de paragraphes que le nécessitera l'importance ou la variété des matières que nous nous proposons d'expliquer.

CHAPITRE I.

Origine, utilité et caractères du commis-voyageur.

SOMMAIRE.

2. — Historique. — De l'institeur ambulant des Romains ; points de ressemblance avec le commis-voyageur. Obstacles au développement de l'industrie du commis-voyageur dans l'ancienne France ; principales causes de son extension après la Révolution.

3. — Avantages résultant de l'intervention du commis-voyageur.

4. — Observation générale sur la mission de ce préposé.

5. — Points de ressemblance entre le commis-voyageur et le courtier, ou le commissionnaire ; différences.

6. — Stipulations diverses relatives à la rémunération des services du commis-voyageur.

7. — Du commis-voyageur intéressé.

8. — Suite : doit-il être considéré comme associé ?

9. — Suite : a-t-il le droit de demander la production des comptes, registres et inventaires de la maison ?

10. — Les commis-voyageurs ne sont pas commerçants. — Ne sont pas soumis à la patente. — Dans quels cas ils peuvent être assujettis à cet impôt. — *Quid* des commis-voyageurs des nations étrangères ?

11. — Observation concernant les commis qui voyagent pour la librairie.

12. — Le commis-voyageur doit-il être rangé dans la catégorie des domestiques ou gens de service à gages? Importance de la question ; dissidences de la doctrine moderne ; solution négative.

2. — On rencontre quelquefois chez des peuples dont les civilisations sont bien différentes, des industries qui ont une grande ressemblance. Les mêmes besoins leur ont donné naissance ; elles se sont seulement modifiées ou développées sous l'influence de faits divers et nouveaux.

Ainsi, quoique les Romains n'aient jamais connu ni le mouvement commercial et industriel qui est un des traits les plus remarquables de notre époque, ni la plupart des nombreux et puissants moyens de circulation, ni les divers agents dont les commerçants de nos jours disposent, plusieurs textes de leur législation font cependant mention d'une industrie qui a beaucoup d'analogie avec celle de l'utile auxiliaire du commerce, de ce représentant de l'activité industrielle des temps modernes, que l'on appelle *commis-voyageur*.

C'est que la nécessité de mettre en rapport l'*offre* et la *demande*, de faciliter la conclusion des transactions, se faisait déjà sentir même dans les limites assez restreintes où fut constamment renfermé le commerce de la Ville Éternelle.

L'instileur ou préposé romain n'était pas seulement chargé de vendre ou d'acheter, pour son préposant, dans une boutique ou un lieu désignés : il y avait aussi des institeurs dont le mandat pouvait s'exercer sans aucune assignation de lieu, *quique sine loco præponuntur,* et qui allaient, dans les provinces, offrir chez les personnes de distinction les marchandises que le maître leur avait confiées (1).

Cujas parle de ces derniers préposés dans les termes suivants : « *Sunt et qui nullo certo loco consistunt, sed commeant per provincias, obeuntes honestorum virorum domos, cum cista mercium, ibique eas vendunt, ad hoc genus mercimonii sive quæstus immissi a magno mercatore quodam* » (2).

C'est ainsi que des marchands d'étoffes ou de toiles avaient des institeurs ambulants qui parcouraient le territoire pour offrir les marchandises et les vendre (3).

Il y avait évidemment une grande similitude entre le caractère de ces préposés et celui de notre commis-voyageur. Toutefois, il existait quelques dissemblances dont nous ne parlerons pas ici. Il en est une que nous nous bornerons à signaler.

---

(1) L. 4 et 18, D., lib. xiv, tit. 3.
(2) Sur la loi 4, D., *De instit. act.,* précitée, lib. xxx, *Pauli ad edict.*
(3) L. 5, § 4, D., lib. xiv, tit. 3.

Par certains côtés, l'institeur ambulant des Romains ressemblait au colporteur (*circitor*) : il voyageait avec la marchandise, *cum cistâ mercium,* qu'il allait offrir et débiter.

Notre commis-voyageur, lorsqu'il va solliciter la demande, n'est, en général, muni que d'échantillons, de catalogues ou de prix courants. Assez souvent, comme nous le verrons, il reçoit seulement les commandes et les transmet à son patron. D'autres fois, il vend et conclut les marchés. Mais il n'est presque amais nanti de la marchandise, qui est expédiée par le commettant. Le commis-voyageur peut alors multiplier ses actes, et agir, sous ce rapport, dans une sphère moins limitée que l'institeur romain. En outre, même lorsqu'il a le pouvoir de conclure les négociations, il ne peut ni être tenu de certaines obligations auxquelles ce dernier était nécessairement soumis, ni avoir les mêmes droits.

Du reste, on sait qu'à Rome, c'était dans les fils de famille, et surtout dans les esclaves, que le commerce trouvait gratuitement ses agents ou ses auxiliaires. Par exemple, les marchands romains faisaient assez fréquemment voyager leurs esclaves avec la mission d'acheter des marchandises et de les leur envoyer (1).

---

(1) L. 5, § 7, D., lib. xiv, tit. 3.

Les rapports entre les maîtres et les esclaves étaient régis par des règles dont nous n'avons point à parler : ce que nous pourrions en dire ne serait d'aucune utilité pour l'explication de notre sujet.

On sait aussi que, chez les Romains, le commerce se faisait surtout par des institeurs permanents ou facteurs, que les commerçants plaçaient au loin à la tête de leurs comptoirs.

C'est également à l'aide de facteurs que le commerçant du moyen-âge opérait, lorsque son négoce prenait de l'extension.

A cette dernière époque, le commerce était entre les mains des Juifs qui colportaient leurs marchandises d'un lieu à un autre, et répandaient ainsi l'usage des produits d'une industrie encore peu développée.

C'était aussi dans les foires, qui s'établirent alors, que le consommateur se procurait les choses qui lui étaient nécessaires, et que le commerçant pouvait trouver des débouchés pour ses marchandises (1).

Non seulement le commerce était ainsi centralisé dans les foires, mais encore la vente n'était libre pour le forain que pendant la durée de ces réunions. Un édit du mois de mars 1586, rendu à la sollicita-

______

(1) *Voy.* notre *Examen du régime de la propriété mobilière,* prolégomènes, p. 5 et suiv.

tion des corporations de marchands, faisait défense aux marchands forains, étrangers ou régnicoles, de vendre, hors le temps des foires, leurs marchandises dans les villes du royaume, si ce n'est sous balle et corde, *en personne et non par facteurs serviteurs et commis* « estant le reste du temps ordonné pour les marchans habitans des villes, pour leur donner moyen d'augmenter et accroître leurs biens et facultez et entretenir eux et leurs familles et subvenir aux louages des maisons et charges ordinaires desdites villes esquelles ils sont tenus et qui leur convient supporter.... »

Quelques populations privilégiées seulement, telles que les Lombards, avaient le droit de vendre et de colporter certaines marchandises librement dans toutes les villes du royaume (1).

Ajoutons que le commerce de localité n'était pas moins favorisé par les nombreuses douanes intérieures, qui contribuaient plus encore que la difficulté des communications à l'isolement des provinces.

Les négociants faisaient cependant voyager leurs facteurs dans les pays étrangers; ils les envoyaient aussi dans les provinces pour arrêter les comptes avec leurs débiteurs, faire les recouvrements; et Savary

---

(1) *Voy.* Lettres patentes du 18 janvier 1635.

leur donnait le conseil de profiter de ces voyages pour vendre leurs marchandises, et mieux connaître la position de leurs correspondants (1).

Mais il est facile de voir que, si l'industrie du commis-voyageur n'a pas été inconnue dans l'ancienne France, il exista néanmoins, pendant tous ces temps de priviléges et de vexations féodales, de graves et nombreux obstacles à son développement.

Elle ne commença à prendre de l'extension que lorsque la Révolution eut aboli les jurandes et maîtrises, anéanti la féodalité, détruit les barrières fiscales, et affranchi le travail et les capitaux.

L'immense activité de l'industrie, la libre concurrence, la fabrication à bon marché, le perfectionnement des voies de communication, contribuèrent puissamment à ce résultat.

3. — Les facteurs et les foires perdirent alors leur importance, et le commerce reconnut bientôt la nécessité d'un agent circulant et opérant désormais avec toute promptitude et liberté sur tous les points du territoire, comme le représentant du patron qui lui a confié ses intérêts. Le commerce comprit parfaitement quels étaient les nombreux avantages de son

____

(1) *Parfait Négociant,* 2ᵉ part., liv. I, ch. VIII, p. 106.

intervention : il est certain, en effet, que la parole qui sollicite est plus persuasive et plus efficace que la correspondance. En permettant aux commerçants de transmettre, sans se déplacer, leurs propositions en tous lieux et à toutes les distances, de faire connaître les qualités de la marchandise, de débattre les conditions des marchés, et même de les conclure, ce précieux agent imprima aux transactions commerciales une vive impulsion.

4. — Le commis-voyageur a mission de représenter la maison de commerce, qui l'emploie, pour vendre les marchandises de cette maison, ou pour lui en acheter, pour recevoir des commandes, ou en donner. En un mot, il est chargé de faire et de multiplier, avec ou sans la réserve d'approbation de son préposant, les actes et les opérations qui lui sont nécessaires dans les lieux où ce dernier le fait voyager.

5. — Il y a quelque analogie entre le courtier et le commis-voyageur : le courtier, en effet, reçoit les propositions de celui qui veut vendre, acheter, etc.; il les transmet à celui qui veut acheter, vendre, etc. Le courtier ne s'oblige, pas plus que le commis-voyageur, en son propre nom.

Mais il est commissionné par le gouvernement pour être entre toutes personnes le médiateur des négociations dans une circonscription déterminée.

Le commis-voyageur est choisi par son préposant ;
il lui consacre exclusivement son temps et son travail, à moins qu'il n'y ait entre eux une convention
contraire.

En outre, lors même qu'il n'est pas autorisé à terminer les marchés, il en discute lui-même les conditions, et traite sous la réserve de la ratification de son
patron.

La différence est encore plus grande quand le commis-voyageur a le pouvoir de conclure définitivement
les opérations, puisque le rôle du courtier, comme le
dit Domat, « n'est pas de traiter, mais d'expliquer les
intentions de part et d'autre, et de négotier pour
mettre ceux qui l'emploient en état de traiter eux-
mêmes (1). » Le courtier n'est, en effet, qu'un intermédiaire pour rapprocher les parties contractantes, et
ménager favoriser entre elles la conclusion des marchés.

Il y a aussi quelques points de ressemblance entre
le commissionnaire et le commis-voyageur autorisé à
conclure les opérations. Ainsi, ils négocient tous deux
avec l'autre contractant.

Mais le commissionnaire est indépendant ; il promet
ou refuse ses services, si bon lui semble ; il ne les
loue pas, comme le commis-voyageur, d'une manière

---

(1) *Loix civiles*, liv. I, tit. 17, sect. 1, n° 1.

continue, pendant un certain temps, à un commerçant. Le mandat du commissionnaire est spécial ; celui du commis-voyageur est général : sa préposition s'étend à plusieurs actes successifs.

Bien plus, tandis que le commissionnaire traite en son propre nom pour le compte d'un commettant, et s'oblige personnellement envers ceux avec lesquels il négocie, le commis-voyageur traite au nom de son préposant, qu'il oblige, sans contracter lui-même aucun engagement personnel.

6. — Les conventions qui peuvent intervenir entre les maisons de commerce et les commis-voyageurs relativement à la rémunération de leurs services sont assez variées : assez souvent, c'est simplement une somme fixe qui est stipulée soit par jour, soit par mois ou par année ; quelquefois, outre des appointements fixes, le préposant promet une remise proportionnelle sur les opérations effectuées par le commis ; assez souvent aussi, c'est seulement cette remise ou commission qui est allouée, avec ou sans indemnité pour frais de voyage et de correspondance.

Ces stipulations varient au gré et selon les convenances des parties contractantes, ou même d'après les usages des différentes contrées, et peut-être des diverses branches de commerce pour lesquelles le commis est appelé à voyager.

7. — Enfin, il peut se faire que, pour tenir lieu d'appointements fixes, ou comme supplément, le préposant promette à un commis-voyageur, dont il a apprécié le zèle et l'intelligence, une part dans les bénéfices annuels de l'établissement. C'est ce que, dans le langage du commerce, on appelle un *commis intéressé*.

8. — Ce commis doit-il être considéré comme associé? A t-il les droits et est-il soumis aux obligations d'un associé?

Les auteurs et la jurisprudence résolvent en général cette question négativement (1). Le commis intéressé n'est, en effet, comme le dit M. Pardessus, que locateur de services sous condition aléatoire; il n'est point indépendant dans l'accomplissement de son travail; il est soumis à la volonté du patron qui l'emploie; enfin, il n'a aucune propriété dans le fonds social.

Il est cependant quelquefois difficile de reconnaître si les stipulations d'un acte donnent à une personne

______

(1) MM. Pardessus, n° 969 ; Malepeyre et Jourdain, *Traité des sociétés comm.*, p. 10 et suiv.; Molinier, *Traité de droit comm.*, n° 234; Troplong, *Sociétés*, n° 46. — *Junge :* Lyon, 21 février 1844; Dev., 45, 2, 422; Bordeaux, 15 mai 1846; Dev., 47, 2, 43; Req., 31 mai 1831; Dev., 31, 1, 249. — *Contra :* Lyon, 27 août 1835, Dev., 37, 2, 112.

la position de commis intéressé ou celle d'associé; mais c'est là une de ces questions dans lesquelles les juges doivent rechercher avec le plus grand soin l'intention des parties contractantes.

Voici une espèce qui s'est présentée dans notre ancienne jurisprudence :

Le 17 novembre 1779, les sieur et dame Mathieu Hamoir, négociants à Valenciennes, firent avec Borniche, par acte sous seing-privé, une convention dont la durée était fixée à six années, et qui renfermait les conditions suivantes : 1° Les époux Mathieu faisaient les fonds pour le commerce, d'abord jusqu'à concurrence de 100,000 livres; 2° Borniche percevait, les deux premières années, 1,200 fr. par an ; il devait donner ses soins en général au commerce, et voyager aux frais de la maison lorsqu'on le jugerait nécessaire; 3° la troisième année, il avait droit au dixième du produit de l'établissement, frais déduits; 4° en cas de perte, il devait toucher la somme de 1,200 livres, et n'était jamais tenu de faire aucuns fonds ; 5° la répartition des bénéfices devait s'effectuer d'après un inventaire dressé en temps convenable; 6° les livres tenus en partie double; 7° enfin, une dernière clause portait : « La raison de la maison dudit commerce sera sous les noms de Mathieu Hamoir et compagnie, et dont les seules signatures seront communes, et à leur défaut, Borniche signera : *fondé de procuration.* »

Le 20 mars 1780, les époux Mathieu signifièrent à Borniche un acte portant *qu'ils le remerciaient et n'entendaient plus exécuter la convention.* Borniche se pourvut devant la juridiction consulaire de Valenciennes, pour les faire condamner à maintenir le contrat de société du 17 novembre 1779, avec dépens et dommages-intérêts ; puis il concluait à la nomination d'un arbitre.

Les époux Mathieu résistèrent, et, entre autres moyens, ils opposaient que Borniche était leur commis et non leur associé. Les juge et consuls de Valenciennes leur donnèrent gain de cause. Mais sur l'appel formé par Borniche, il intervint, à la date du 1ᵉʳ juin 1781, un arrêt qui infirma cette sentence, et renvoya les parties par-devant arbitres pour régler leurs différends (1).

La convention du 17 novembre 1779 fut considérée comme une véritable société, qui mettait en commun une entreprise dont les profits devaient se répartir entre les parties dans les proportions réglées par cet acte. La raison sociale qui, aux termes de la même convention, devait être sous les noms de Mathieu

____

(1) *Voy.* Boucher, *Instit. commerc.,* p. 149.

Hamoir et *compagnie*, pouvait être invoquée à l'appui de cette décision.

9. — Il n'est pas inutile de dire, en passant, que, bien que le commis intéressé ne soit pas un associé, il a cependant le droit de demander la production des comptes, pièces, registres et inventaires de la maison à laquelle il est attaché, à l'effet de vérifier et faire déterminer la part de bénéfices qui doit lui revenir (1).

10. — Les commis-voyageurs ne sont, en thèse, ni commerçants, ni assujettis à la patente (2).

Toutefois, il est bien évident que cette exemption n'a lieu qu'autant qu'ils se renferment dans l'exercice de leur profession : ils seraient soumis à cet impôt si, à l'occasion de leur industrie, ils se livraient pour leur propre compte à des opérations commerciales même s'y rattachant.

Serait aussi assujetti à la patente celui qui, ne recevant que des remises proportionnelles, voyagerait pour plusieurs maisons de commerce, sans être exclusivement attaché à aucune d'elles.

Mais le bénéfice de l'exemption existerait en faveur de celui qui, attaché à une maison, n'opérerait ce-

____

(1) Paris, 7 mars 1835 ; Dev., 35, 2, 235 ; Lyon, 21 février 1844 ; Dev., 45, 2, 422.
(2) Art. 13, l. 25 avril 1844.

pendant pour elle que moyennant des remises proportionnelles, et sans recevoir des appointements
fixes.

Enfin, le commis-voyageur ne doit pas être considéré comme associé, passible de la patente à ce dernier titre, par cela seul qu'il a un intérêt dans les
bénéfices d'une maison de commerce (1).

Autrefois, les commis-voyageurs des nations étrangères n'étaient point assujettis à la patente; mais, dans
plusieurs pays voisins, les voyageurs des maisons de
commerce françaises y étaient soumis. C'est pour ce
motif que l'art. 19 de la loi du 25 avril 1844 dispose
que « les commis-voyageurs des nations étrangères
seront traités, relativement à la patente, sur le même
pied que les voyageurs français chez les mêmes nations (2). »

Par ces mots *les commis-voyageurs des nations
étrangères*, la loi entend les commis qui voyagent
pour le compte des nations étrangères. Ce n'est pas
la nationalité du commis qu'elle considère, mais,
comme le disait M. Lacave-Laplagne à la Chambre des
Pairs, *la nationalité des affaires*, ou bien, comme

----

(1) *Voy.* Cons. d'Etat, 5 mars 1852 ; D., *P.*, 1852, 5, 400.
(2) Tableau indiquant les nations chez lesquelles les commis-voya-

le porte la circulaire du 9 novembre 1846, *la natio-*
nalité des maisons de commerce qu'il représente.

La même circulaire ajoute : « Le droit à demander
est réglé de manière qu'en moyenne il ne soit jamais
supérieur, pour chaque nation, au droit que cette
même nation exige des commis-voyageurs français.

« Ce droit sera perçu en principal seulement, et
sera le même dans toute l'étendue de la France, et
quelle que soit la population de la commmune où la

---

geurs sont assujettis à un droit de patente, et le droit qui, par réciprocité, devra être demandé à leurs commis-voyageurs :

Nations.	Droits à exiger de leurs commis-voyageurs.
Bade	20 fr.
Belgique	60
Branswick	40
Danemark	200
Hanovre	80
Hesse-Grand-Ducale	30
Hesse-Electorale	30
Hollande	20
Mecklembourg	80
Nassau	25
Prusse	45
Saxe	45
Suède	100
Suisse { canton de Genève	15
— Zug	15
— Zurich	15
— Unterwalden-le-Bas	9

(Circul. du direct. génér. des contrib. dir.
du 9 novembre 1846).

patente sera délivrée. S'il en était autrement, les cen-
times additionnels, dont le chiffre varie considérable-
ment de département à département et de commune
à commune, pourraient souvent former un accessoire
qui, joint au principal, dépasserait les taxes établies
dans les autres nations.

« La patente sera due pour l'année entière, et
payable en une seule fois, au moment de la délivrance
de la formule. »

On voit que le système adopté dans les autres pays
est appliqué avec une parfaite réciprocité.

11. — L'industrie des commis qui voyagent pour
la librairie est soumise aux mêmes principes que celle
des autres commis-voyageurs, et les règles que nous
exposerons leur sont de tous points applicables. Nous
rappelons seulement ici qu'il existe dans nos lois
plusieurs dispositions sur la librairie et le colportage (1),
qu'il leur importe d'observer scrupuleusement.

12. — Le commis-voyageur doit-il être rangé dans
la catégorie des *domestiques* ou *gens de service à gages?*

C'est une question assez grave que celle de savoir
quelles sont les personnes qui doivent être comprises

____

(1) *Voy.* notamment art. 24, 1. 17 février 1852; art. 6, 1. 27 juillet 1849.

dans cette catégorie. La décision en est d'autant plus importante qu'elle exerce une grande influence sur la solution de plusieurs difficultés relatives soit au paiement des salaires (1), soit au privilége qui les garantit (2), soit à la prescription (3), soit enfin à la compétence (4).

Dans notre ancienne jurisprudence, le mot *domestique* était appliqué à ceux qui recevaient des gages, qui étaient logés et nourris dans la maison d'un autre, et qui, ainsi que le dit Denisart, « y avaient des fonctions subordonnées, relatives à leur service (5). »

On appelait *domestiques* non seulement ceux qui se louaient pour rendre au maître les services les plus bas, mais encore certaines personnes remplissant des offices libéraux : « Domestiques dit de Ferrière, sont ceux qui sont aux gages de leurs maîtres, comme les intendants, les secrétaires, les commis, les laquais, etc. » (6).

Cette opinion a été professée par plusieurs auteurs dans notre droit moderne. Suivant ces auteurs, il

---

(1) *Voy. infra*, n° 70, 71.
(2) *Infra*, n° 82.
(3) *Infra*, n° 88.
(4) *Infra*, n° 199.
(5) V° Domestique.
(6) *Dict. de Droit*, v° Domestique.

faudrait comprendre sous le nom de *domestiques* tous ceux qui font partie d'une maison, et qui, subordonnés à la volonté du maître, en reçoivent des gages. Il y aurait deux sortes de domestiques : ceux dont les fonctions n'ont rien d'avilissant et même sont honorables, et ceux dont les services plus humbles supposent une dépendance plus absolue (1).

Dans ce système, il faudrait appliquer, aux premiers comme aux seconds, la règle de l'art. 1781 Code Nap., pour ce qui concerne la quotité des gages, le paiement du salaire de l'année échue; ils jouiraient les uns et les autres du privilége de l'art. 2101 4° Code Nap.; l'action en paiement de leurs salaires serait soumise à la prescription annale (art. 2272 Code Nap.)

Il y a des auteurs qui, en admettant que l'on doit comprendre sous le nom de *domestiques* tous ceux qui font partie de la maison, qui sont soumis au maître, comme recevant de lui des gages ou un salaire, distinguent entre les *domestiques* et les *gens de service à gages*:s tout domestique, disent-ils, est un homme de service, on ne peut pas dire, en sens contraire, que tout homme de service est un domestique. Celui qui loue ses services est un homme de service, et l'on

----

(1) *Voy.* Henrion de Pansey, *Compét. des juges de paix,* ch. xxx; Curasson, *Traité de la compétence des juges de paix,* art. 5, n° 5.

peut louer ses services à tout autre titre que celui de domestique ; les commis, les facteurs, ajoutent-ils, louent leurs services, et ne sont point, dans le langage usuel, des domestiques (1).

M. Troplong reconnaît que le mot *domestique* a perdu ses acceptions relevées, qu'il ne sert plus qu'à désigner ceux qui rendent à la personne du maître des services subalternes, et enseigne que les expressions *gens de service* s'étendent à toute espèce de service salarié, aux commis, aux secrétaires, etc. (2).

Malgré ces divergences, nous avons toujours pensé que, lorsque la loi parlait des *domestiques*, elle n'entendait que ceux auxquels le langage usuel donne cette qualification, c'est-à-dire les personnes dont les services subalternes d'un ordre purement matériel et mécanique supposent une entière dépendance, et qui sont, par exemple, attachées au service du maître ou du ménage. Nous avons toujours estimé que l'on ne pouvait placer dans la même catégorie ceux dont les travaux d'un ordre intellectuel et plus relevé rentrent dans l'exercice d'une profession ; ceux, en un mot,

---

(1) M. Duranton, vol. XVII, n° 227, note ; vol. XIX, n° 58 ; *voy.* Lyon, 1er février 1831 ; D., P., 1832, 2, 192.

(2) *Louage,* n° 847 et suiv. ; *Prescription,* n° 975 ; *Priv. et Hyp.,* n° 142.

comme le dit très bien la cour de Bourges, *qui rendent à celui qui les emploie des services, et ne sont pas à son service* (1).

Quant aux expressions *gens de service*, elles n'ont pas, selon nous, un autre sens que le mot *domestique*. Elles n'ont été, dans certains articles de nos codes (2), substituées à ce dernier mot, employé par quelques lois anciennes (3), que pour donner plus de généralité et d'extension à leurs dispositions.

C'est bien ainsi, d'ailleurs, que les rédacteurs de la loi du 25 mai 1838 l'ont entendu, car ils se servent des mots *domestiques* ou *gens de service à gages* comme d'expressions synonymes (4).

Les paroles du dernier rapporteur de la Chambre des députés confirment entièrement ce que nous venons de dire : « On s'est demandé, disait M. Amilhau, si les commis et ceux qui les emploient devaient être déférés à la compétence des juges de paix. Ce système tenait à la préoccupation qui confondait *dans la classe des domestiques ou gens de service* les secrétaires, les précepteurs, les bibliothécaires et les commis ; mais il n'y a rien de comparable dans ces situa-

______

(1) Arrêt, 30 mai 1829.
(2) *Voy.* art. 2101 C. N.
(3) *Voy.* art. 11, l. brum., an VII.
(4) Art. 5, n° 3.

tions et dans celles qui tiennent au service proprement dit. »

Il est vrai que la Cour de cassation a appliqué plusieurs fois la disposition de l'art. 386 du Code pénal, qui punit de la réclusion le vol fait par un domestique ou un homme de service à gages, aux commis, aux sécrétaires, aux clercs, et décidé « qu'un commis salarié est un homme de service à gages ; que les rapports du maître et du serviteur ne sont pas changés par l'éducation plus soignée et la position sociale de ce dernier, plus relevée que celle d'un domestique ; que ces avantages doivent le rattacher plus étroitement à ses obligations d'honneur et de fidélité (1). »

La même cour a aussi jugé qu'un commis-voyageur est un homme de service à gages : « Attendu qu'un individu préposé par un marchand ou par une maison de commerce, soit pour la vente ou le débit des marchandises, soit pour tout autre service habituel relatif à leur commerce, ou qui reçoit un salaire pour ledit service, est un homme de service à gages (2). »

Mais il y a, dans cette interprétation, une extension évidente du texte de la première partie du n° 3 de

---

(1) Cass., 7 janvier 1830 ; D., P., 1830, 1, 40.
(2) Cass. ; 15 décembre 1826.

l'art. 386, ainsi que le font observer MM. Chauveau (Adolphe) et Faustin Hélie : «Le texte de la loi est muet, disent ces savants auteurs; il y a plus : le deuxième paragraphe ajouté à l'art 408 du Code pénal par la loi du 28 avril 1832 punit l'abus de confiance commis par un *domestique, homme de service à gages, élève, clerc* ou *commis;* les élèves, les clercs, les commis ne sont donc pas compris dans les termes de domestiques et d'hommes de service à gages, puisque le législateur a cru nécessaire de les énoncer à côté de ces termes; la première partie du n° 3 de l'art 386 ne comprend donc pas les commis, les élèves et les clercs, puisque la loi rectificative qui les ajoutait à l'art. 408 ne les a pas énoncés dans le premier article (1). »

En somme, il résulte des explications qui précèdent, que le commis-voyageur ne doit pas être compris au nombre des domestiques ou gens de service à gages. Sa position plus indépendante, la mission qui lui est confiée, la profession qu'il exerce, ne permettent pas de l'assimiler à ces personnes, sans donner aux mots une acception qu'ils n'ont plus dans le langage usuel et légal.

Il ne doit pas non plus être rangé parmi les per-

---

(1) *Théorie du Code pénal,* vol. VII, p. 15 et suiv., 1re édit.

sonnes que la loi appelle *gens de travail*. Mais nous reviendrons sur cette dernière proposition, lorsque nous parlerons de la prescription de ses appointements (1).

______

(1) *Voy. infra,* n° 88.

CHAPITRE II.

Des rapports entre le commis-voyageur et son préposant.

———

13. — Ce chapitre est divisé en trois paragraphes : Dans le premier, nous parlerons de la nature, de la formation et de la preuve du contrat existant entre le commis-voyageur et son préposant ; dans le second, nous ferons connaître les obligations du commis vis-à-vis de son patron ; et dans le troisième, celles du patron envers le commis.

————

§ I.

Nature, formation et preuve du contrat.

————

SOMMAIRE.

14. — *a.* Nature du contrat intervenu entre le commis-voyageur et le préposant. Le commis-voyageur n'est-il qu'un mandataire salarié? Opinion de MM. Alauzet, Duranton, Paul Pont, Aubry et Rau ; dissentiment ; solution négative ; conséquences.

15. — *b. Quid* de l'engagement pour toute la vie du Commis?
16. — Suite.
17. — Suite : la nullité du contrat est-elle absolue? Négative
      enseignée par M. Troplong; dissentiment.
18. — Suite : celle des parties qui refuse d'exécuter l'enga-
      gement à vie n'est tenue d'aucuns dommages-in-
      térêts.
18 *bis.* Suite : *Quid* si la convention a été exécutée pendant
      quelque temps?
19. — L'engagement pris par le patron de conserver, pen-
      dant toute sa vie, un commis-voyageur, est valable.
20. — La clause par laquelle le commis-voyageur s'interdit
      la faculté de prendre en aucun temps, ni en aucun
      lieu, après sa sortie, un emploi semblable dans une
      autre maison faisant le même commerce, est-elle
      valable? Négative.
21. — *Quid* si le commis a reçu d'avance des bonifications
      en vertu de la clause précédente?
22. — De l'engagement des services pour un temps indéfini.
23. — De l'engagement pris pour un temps déterminé.
24. — *Quid* lorsque l'objet des négociations confiées au com-
      mis-voyageur est illicite?
25. — *c.* De la preuve du contrat formé entre le commis-
      voyageur et le préposant.

14. — *a.* Le contrat qui intervient entre le commis-voyageur et le préposant est un mélange, une
combinaison du louage de services et du mandat salarié.

Le plus souvent ce sont les règles du louage qui
doivent être suivies entre le commis et le patron. Ce
sont, au contraire, celles du mandat qui prédomine-

ront dans les rapports entre le préposant, ou le commis, et les tiers avec lesquels ce dernier aura contracté.

Ces propositions ont, à notre sens, une assez grande importance ; qu'il nous soit permis d'insister.

Des auteurs posent en principe que les commis-voyageurs sont des mandataires salariés. (1) — Appliquée comme règle générale aux rapports du commis et du patron, cette doctrine serait le plus souvent fautive, ou du moins, en opposition avec la plupart des règles que nous expliquerons plus loin.

La même doctrine est enseignée par M. Duranton (2), et par M. Paul Pont : « Le commis-voyageur, selon M. Paul Pont, n'est à vrai dire que le mandataire de la maison pour laquelle il voyage (3). » MM. Aubry et Rau sont encore plus absolus : « C'est un mandataire salarié, » disent ces estimables auteurs (4).

Oui, le commis-voyageur est le représentant de la maison pour laquelle il voyage, lorsqu'il traite avec les tiers ; mais, à côté, et à l'origine du mandat en vertu duquel il négocie, il y a eu une convention qui a constitué et réglé sa position vis-à-vis du préposant. Par cette

------

(1) M. Alauzet, *Comm. du Code de Comm.*, vol. II, n° 606.
(2) Vol XIX, n° 58, p. 63, note 2.
(3) Sur l'art. 2101 C. N., n° 83.
(4) Sur Zachariæ, vol. 2, § 260, note 12, p. 103, 2ᵉ édit. — *Voy.* aussi Rouen, 28 février 1818.

convention, il s'est attaché, moyennant salaire, à la personne ou à la maison dont il s'est engagé à gérer les intérêts ; il est *addictus præponenti*, ou, comme le dit Mühlenbruch du préposé romain : *Differt à simplici procuratore quod quasi famulari videatur apud dominum* (1).

On ne peut en dire autant du mandataire même salarié : il ne se doit pas tout entier, à moins de convention contraire, à celui qui lui a donné le mandat.

Telle serait probablement aussi la doctrine de M. Troplong, s'il s'était spécialement occupé du commis-voyageur, car cet éminent jurisconsulte, en parlant du préposé en général, s'exprime ainsi : « Tout préposé qui recevra un prix pour ses services sera plutôt un locateur d'ouvrage qu'un mandataire ; il le sera d'autant plus, que son temps appartient à son patron, qu'il doit l'employer exclusivement aux soins de sa préposition, et qu'il ne peut, sans la permission du préposant, se livrer à d'autres actes de commerce. Bouteiller appelle les facteurs et préposés les *familiers* des marchands ; et Toubeau dit qu'ils sont *gagés* et en quelque façon domestiques (2). » Puis, M. Troplong ajoute : « Nous n'exceptons pas même ceux qui, par la nature de leurs fonctions, sont chargés de repré-

____

(1) *Doctrina Pandectarum*, § 431, note 14.
(2) *Mandat*, n° 236.

senter le patron à l'égard des tiers.... De ce que le préposé doit se mettre en communication avec les tiers et me représenter vis-à-vis d'eux, il ne faut pas en conclure qu'il ne saurait être qu'un mandataire. Cette représentation n'est pas incompatible avec la location d'ouvrage et d'industrie.... Bouteiller lorsqu'il appelle les préposés des *familiers* des marchands, a principalement en vue ceux qui *mènent et gouvernent le fait des marchandises sans ce que les marchands y soient présents*. Si je charge mon serviteur à gages de commissions auprès des tiers, il est mon préposé, mon représentant, ce qui n'empêche pas de le placer en dehors de la catégorie des mandataires (1). »

Ces judicieuses observations s'appliquent parfaitement au commis-voyageur, qui est aussi un préposé ; un préposé ambulant, nous le voulons bien, mais n'ayant pas au fond un autre caractère que le commis de magasin, ou préposé sédentaire.

Au surplus, MM. Aubry et Rau, qui ne considèrent le commis-voyageur que comme un mandataire salarié, nous semblent approuver, en ne la critiquant pas, la doctrine de l'auteur, qu'ils ont enrichi de leurs précieuses annotations, et qui décide que l'on doit

----

(1) *Mandat,* n° 237.

appliquer par analogie au commis les règles du louage de services, à l'exception de l'art. 1781 Code Nap. (1).

Si ces règles doivent être suivies à l'égard du commis en général, il n'y a aucune raison pour ne pas les appliquer, lorsqu'il s'agit des rapports du commis-voyageur et de son patron.

La préposition du commis-voyageur produit sans doute, au regard des tiers, des effets nombreux qui ne sont autres que ceux du mandat, puisque ce commis est chargé d'agir à la place de son patron et de le représenter. Mais en ne voyant dans ce préposé qu'un mandataire salarié, on s'exposerait à donner des solutions erronées, lorsqu'il faudrait régler ses rapports avec son préposant. Ainsi, par exemple, le commis-voyageur qui, après avoir engagé ses services, refuserait d'entrer chez le patron, serait certainement tenu envers lui de dommages-intérêts. Le mandataire salarié peut, au contraire, renoncer au mandat, *rebus integris*. De même, la mort du patron ne dissout pas le contrat existant entre lui et le commis, car cet événement ne met pas fin au louage de services. Le mandat expire, au contraire, par la mort du mandant.

Nous verrons plus loin plusieurs autres conséquences de la doctrine que nous venons d'exposer.

---

(1) *Voy.* Zachariæ, vol. III, § 372, p. 37, 2ᵉ édit.

15. *b.* — La loi ne permet d'engager ses services qu'à temps ou pour une entreprise déterminée (1). La convention par laquelle un commis-voyageur s'engagerait pour toute sa vie au service d'une maison de commerce serait nulle, comme portant atteinte à sa liberté individuelle.

16. — Il pourrait arriver que, sans s'être engagé expressément pour toute sa vie, il l'eût fait pour un temps si long que son engagement dût, selon toute probabilité, comprendre sa vie entière. Les tribunaux ont sur ce point un pouvoir d'appréciation, en vertu duquel ils annulleront toute convention qui porterait indirectement atteinte au principe fondamental de l'art. 1780 Code Nap. Tel serait, par exemple, le cas où une personne âgée de quarante ans s'obligerait à voyager pendant soixante ans dans l'intérêt d'une maison de commerce.

17. — Si un commis-voyageur engageait ses services pour toute sa vie, la nullité du contrat serait-elle absolue? En d'autres termes, pourrait-elle être invoquée par les deux parties, c'est-à-dire aussi bien par le patron que par le commis?

La question de savoir si la nullité, résultant d'un

____

(1) Art. 1780 C. N.

engagement de services à vie est absolue ou relative, est controversée.

M. Troplong pense qu'elle ne peut être invoquée que par la personne qui a loué ses services. Selon le savant auteur, il suffit à la protection de la liberté individuelle et de l'ordre public que celui qui a engagé ses services pour la vie soit toujours armé du droit de demander son affranchissement, du droit de résoudre sans indemnité son engagement. Accorder au maître la faculté d'invoquer la nullité du contrat, dit M. Troplong, c'est commettre une injustice contre celui que l'on prétend vouloir protéger (1).

Quelque graves que soient ces considérations, nous croyons l'opinion contraire mieux fondée : les rédacteurs du Code Napoléon ont vu, dans un engagement de services à vie, une sorte de servitude personnelle : « La condition d'homme libre, disait M. Faure, abhorre toute espèce d'esclavage. » Le législateur a pensé qu'une telle convention renfermait, par conséquent, une clause illicite, et, en prononçant la nullité dans un intérêt d'ordre public, il a dû accorder à chacune des parties la faculté de l'invoquer. Cette opinion nous a toujours paru préférable.

---

(1) *Voy. Louage*, n° 856.

Tel est, du reste, le sentiment de la majorité des auteurs (1).

18. — Dans le cas où un commis-voyageur aurait promis ses services pour toute la durée de sa vie, celle des parties contractantes qui se refuserait à l'exécution de la convention ne serait tenue d'aucune indemnité. On ne peut pas raisonnablement condamner à des dommages-intérêts celui qui n'exécute pas un engagement que la loi le dispense d'observer.

18 *bis*. — Toutefois, si la convention avait été exécutée pendant un certain temps, le patron devrait payer les services qu'il aurait reçus. Mais ce ne serait pas d'après les bases fixées par le contrat, puisqu'il se trouve radicalement annulé dans toutes ses parties.

19. — Remarquons aussi que le patron pourrait valablement prendre l'engagement de garder pendant toute sa vie un commis-voyageur pour l'exploitation de son commerce. C'est seulement à celui qui promet ses services que l'art. 1780 Code Nap. défend de les engager autrement qu'à temps ou pour une entreprise déterminée.

20. — Le commis-voyageur peut-il, lorsqu'il s'engage envers une maison de commerce, s'interdire la

____

(1) MM. Duranton, XVII, n° 226 ; Duvergier, IV, n° 285 ; Zachariæ, III p. 35, 2ᵉ édit. — *Junge* : Bordeaux, 23 janvier 1827.

faculté de prendre, en aucun lieu et en aucun temps, après en être sorti, un emploi semblable dans une autre maison faisant le même commerce ?

Nous dirons plus loin si, lorsque l'interdiction n'est pas aussi absolue que le suppose cette question, la clause doit être considérée comme licite (1).

Mais elle doit certainement être déclarée nulle, quand le commis-voyageur prend l'engagement de ne travailler en cette qualité en aucun lieu et en aucun temps pour une industrie semblable.

En vain objecterait-on qu'il a toujours la faculté de trouver soit un autre emploi dans la même industrie, soit le même emploi dans une autre branche de commerce, et que, d'ailleurs, s'il y a une restriction à sa liberté personnelle, toutes les conventions ont pour objet des restrictious de cette nature. — Nous savons que la liberté individuelle de celui qui engage ses services ne peut pas être aliénée d'une manière perpétuelle et absolue. Nous avons vu (2) que, par application de ce principe, l'art. 1780 Code Nap., en permettant d'engager ses services, ne veut pas que ce soit autrement qu'à temps ou pour une entreprise dé-

____

(1) *Infra*, n° 64.
(2) *Supra*, n°ˢ 15 et suiv.

terminée. Comme conséquence du même principe,
il faut évidemment prohiber tout engagement ayant
pour résultat de s'obliger à ne faire, en aucun lieu ni
en aucun temps, un emploi déterminé de ses services
et de son travail, autrement que pour tel patron ou
pour telle maison de commerce. Cet engagement n'a
pas une cause licite (1); il ne saurait être validé par
les tribunaux (2).

21. — Si le commis-voyageur a reçu d'avance des
bonifications, en vertu de la convention dont nous
venons de parler, et comme indemnité de l'impossibilité où il était désormais placé d'exercer son industrie pour une autre maison de commerce, il n'est
tenu, en cas d'annulation, de restituer au patron que
la portion de ces bonifications qui est jugée excéder
la rémunération de son travail passé. Les tribunaux
ont le droit d'interpréter le contrat, d'apprécier les
faits relatifs à son exécution partielle, les conséquences de ces faits, et de décider équitablement quel
est, sur la somme reçue en exécution de la convention,
le prix qui représente la rémunération des services

____

(1) Art. 1133 C. N.
(2) Ch. civ. rej., 11 mai 1858 ; Dev., 58, 1, 747 ; *Junge* : Metz,
26 juillet 1856 ; Dev. 58, 2, 38.

rendus., et celui de l'interdiction de l'industrie du commis dans une autre maison (1).

22. — Le commis-voyageur peut promettre ses services pour un temps indéfini. Si la durée n'en a pas été expressément ou implicitement limitée, le contrat peut être rompu au gré des parties ou de l'une d'elles, à moins qu'il n'existe des usages locaux qui prescrivent des formes et des délais d'avertissements préalables.

23. — Lorsque l'engagement a été pris par le commis pour un temps déterminé, il ne doit pas se retirer ni être congédié sans cause. Son engagement ne peut, en général, cesser qu'à l'expiration du terme convenu, ainsi que nous l'expliquerons plus loin (2).

24. — L'objet des négociations confiées au commis-voyageur doit être licite. Ainsi, serait nulle la convention par laquelle un négociant chargerait un commis-voyageur de la vente ou de l'achat de marchandises de contrebande, de tableaux impudiques, de livres obscènes, en un mot, de toutes choses énumérées par les lois comme matière d'une contravention, d'un délit ou d'un crime, ou bien que les tribunaux

---

(1) Mêmes arrêts.
(2) *Voy. infra,* n°ˢ 122 et suiv.

jugeraient contraires aux bonnes mœurs et à l'ordre public : *rei turpis nullum mandatum est* (1).

Dans tous ces cas, la préposition ne produirait aucune obligation ; le commis ne serait pas obligé de remplir sa mission, et aucune action soit du préposant contre le commis, soit de ce dernier contre le préposant, ne pourrait naître de l'exécution de la convention (2).

Il en serait de même si le mandat donné au commis avait pour objet la vente de marchandises sur la nature ou la qualité desquelles le préposant aurait l'intention de tromper les acheteurs.

Cependant, dans ce cas, pour refuser l'action au commis contre le préposant, il faudrait qu'il fût établi que ce préposé connaissait la fraude pratiquée par son patron.

25. — *c.* La preuve du contrat intervenu entre un commis-voyageur et un négociant peut être faite par les modes admis en droit commercial, même par témoins, quand l'action est intentée par le commis contre le négociant (3).

Mais une autre solution devrait être donnée si un

---

(1) L. 6, § 3, D., *Mandati* ; Pothier, *Mandat*, n° 7.
(2) Pothier, *loc cit.*
(3) Art. 109 C. Comm.

commerçant demandait à prouver contre une personne qu'elle a fait avec lui une convention par laquelle elle s'engageait en qualité de commis à voyager pour son commerce. Si la convention était déniée par le défendeur, l'art. 1341 Code Nap. n'autoriserait l'admission de la preuve testimoniale qu'autant que l'objet du contrat n'excéderait pas 150 fr., ou qu'il y aurait un commencement de preuve par écrit.

———

§ II.

Obligations du commis-voyageur vis-à-vis du préposant.

———

SOMMAIRE.

26. — Le commis doit tout son temps et tous ses soins à son patron.
27. — A-t-il le droit de faire, sans le consentement du patron, un commerce particulier ? Négative.
28. — Suite : opinion de M. Alauzet ; dissentiment.
29. — *Quid* des profits, si l'opération a été déterminée par une considération personnelle au commis ?
30. — Le commis doit se conformer aux instructions de son préposant. *Quid* s'il ne les a pas suivies ?
31. — Il ne peut substituer une chose à une autre, faire autre chose que ce qui lui a été mandé.
32. — *Quid* s'il existe de l'obscurité dans ses instructions ?

33. — *Quid* en cas d'impossibilité de prendre les ordres du patron?

34. — *Quid* de l'exécution partielle des ordres du préposant?

35. — Suite.

36. — Cas où le commis reste évidemment dans les limites de son mandat.

37. — *Quid* s'il a acheté la marchandise à un prix supérieur à celui qui est fixé par la procuration?

38. — Suite : Le commis peut-il, dans le cas précédent, forcer le patron à prendre la marchandise pour le prix qu'il avait indiqué? Affirmative.

39. — Suite : *Quid* si le commis avait agi de mauvaise foi?

40. — *Quid* lorsque le commis achète la marchandise au prix fixé par la procuration, s'il est établi qu'il pouvait traiter à un prix inférieur? Opinion de MM. Delamarre et Lepoitvin ; dissentiment.

41. — *Quid* s'il vend à un prix moins élevé que celui qui est fixé par le mandat? Ne peut-il pas offrir à son patron la différence?

42. — Suite : *Quid* s'il vend au prix de la procuration, quand il pouvait vendre à un prix plus élevé?

43. — Compensation que les tribunaux peuvent faire, quand le commis ne s'est pas conformé aux ordres relatifs aux prix.

44. — Avis que le commis-voyageur doit donner à son patron.

45. — Suite.

46. — Responsabilité résultant de son imprudence, de sa négligence ou de son impéritie.

47. — Dans quels cas il est responsable de l'insolvabilité des tiers avec lesquels il a traité.

48. — Il doit être discret.

49. — En thèse, il doit remplir lui-même sa mission; conséquences.

50. — Suite : *Quid* si l'opération avait été menée à bonne fin par le substitué?

51. — Suite : *Quid* si le préposant a autorisé le commis à se faire remplacer par une personne désignée ?

52. — Suite : *Quid* si la personne n'a pas été désignée ?

53. — Suite : *Quid* si le commis se trouve atteint d'un empêchement personnel et imprévu ?

54. — Observation. — Renvoi.

55. — De la ratification expresse ou tacite du préposant.

56. — Obligation de la part du commis de rendre compte des sommes qu'il a touchées.

57. — Suite : *Quid* quant aux intérêts de ces sommes, s'il en applique une partie à ses besoins ?

58. — Suite : *Quid* s'il ne les a pas employées à son profit ?

59. — De la perte par force majeure des choses ou des sommes remises au commis-voyageur par son préposant.

60. — La contrainte par corps peut-elle être prononcée contre le commis-voyageur à raison des obligations qu'il a contractées envers son patron ? Affirmative consacrée par la Cour de cassation ; opinion conforme de M. Coin-Delisle ; — dissentiment ; — *Quid* s'il s'agit d'un commis-voyageur intéressé ?

61. — Disposition de l'art. 126 C. pr. civ.

62. — De l'abus de confiance de la part du commis-voyageur.

63. — Le préposant peut-il contraindre le commis qui cesse ses fonctions à lui remettre les lettres qu'il lui avait écrites relativement à sa mission ? Renvoi.

64. — De la clause par laquelle le commis s'engage, pour le cas où il quitterait le préposant, à n'exploiter ni par lui-même, ni par d'autres, la tournée dont il est chargé. — Dans quels cas elle est valable.

65. — Quels en sont les effets, si la condition prévue se réalise ?

66. — Suite : première hypothèse.

67. — Suite : deuxième hypothèse ; doctrine de la Cour de Bordeaux ; dissentiment.

68. — Suite : troisième hypothèse.

26. — Le commis-voyageur doit tout son temps et tous ses soins au négociant pour le compte duquel il s'est engagé à voyager, à moins qu'il n'y ait eu à cet égard une convention contraire entre les parties.

27. — Il n'a pas le droit de faire, sans le consentement de son patron, un commerce particulier.

Il en est de même, à plus forte raison, lorsque ce commerce se compose du même genre d'opérations que celles de la maison à laquelle il est attaché. Ce serait contraire à toutes les notions de l'équité, à toutes les règles de l'usage qu'un commis voyageant aux dépens d'une maison pût lui faire plus ou moins directement concurrence.

Par conséquent, s'il s'est occupé à placer ses propres marchandises concurremment avec celles de son préposant, il doit être condamné à lui payer une indemnité (1).

Il en serait ainsi même dans le cas où le commis alléguerait n'avoir placé ses marchandises qu'au détail, alors qu'il voyagerait pour des placements en gros. Ce droit, nous le répétons, ne pourrait lui appartenir qu'en vertu d'une stipulation formelle dans son engagement.

28. — Selon M. Alauzet, la prohibition de placer

____

(1) Bordeaux, 12 mars 1842 ; Dev., 42, 2, 266.

ses marchandises ou celles d'un tiers n'existerait de plein droit à l'égard du commis-voyageur, que si elles étaient de même espèce que celles du préposant, et de nature à leur faire concurrence. Dans les autres cas, ce serait à la convention à déterminer si le commis doit tout son temps et ses soins à la maison de commerce pour laquelle il voyage, ou s'il est autorisé à être le représentant d'autres maisons (1).

Les tribunaux doivent toujours examiner la convention pour se rendre compte de l'étendue de l'engagement contracté par celui qui a pris l'obligation de voyager pour une maison de commerce. En outre, il nous semble que par cela même qu'une personne a promis ses services à un négociant, moyennant des appointements au jour, au mois ou à l'année, pendant un temps indéfini ou déterminé, elle ne peut, en général, se livrer à d'autres opérations pour son propre compte, ou comme le représentant d'autres commerçants; peu importe que les marchandises soient ou non d'une autre espèce que celles du patron. En s'attachant à la maison de ce dernier, elle est censée avoir promis ses services dans toute leur étendue. Elle ne pourrait agir pour son propre compte, ou pour celui

____

(1) *Comm. du Code de Comm.*, vol. 2; n° 607.

d'autres maisons, qu'en négligeant les intérêts de son préposant (1).

La solution doit-elle être la même si le commis-voyageur ne reçoit pas des appointements fixes?

Il y a, par exemple, des individus qui s'engagent à voyager pour des maisons de librairie, et auxquels ces maisons font seulement des remises proportionnelles sur les ouvrages qu'ils vendent, ou bien accordent une somme convenue sur ceux qu'ils achètent ou échangent dans leurs tournées. Nous pensons également que ces voyageurs ne peuvent, en général, vendre ni acheter pour leur propre compte, ou pour le compte d'un tiers, sans être passibles d'une indemnité vis-à-vis du libraire pour lequel ils se sont engagés à voyager.

Vainement diraient-ils que le libraire n'est obligé de leur payer que les opérations effectuées. En s'attachant à sa maison, ils seront facilement présumés lui avoir promis tous leurs services. S'ils négligent le trafic du patron pour se livrer à d'autres opérations, ils lui doivent des dommages-intérêts.

Ce n'est qu'autant que les juges, en appréciant la convention, verraient que le voyageur n'a pas promis

____

(1) L'art. 199 du Code de commerce espagnol renferme sur ce point une disposition expresse. *Voy. infra*, n° 136, note.

à la maison de lui consacrer tout son temps, qu'ils devraient donner une autre décision.

Il y a, en effet, des personnes qui voyagent dans l'intérêt de plusieurs maisons de commerce, mais sans être attachées exclusivement à l'une d'elles. Ces voyageurs ne peuvent être considérés comme des *commis*. Nous avons même vu qu'ils étaient assujettis à la patente (1).

29. — Non seulement le commis-voyageur doit à son patron son travail et ses soins, ainsi que nous venons de l'expliquer ; mais il lui doit aussi tous ses profits, quand même il serait prouvé que l'opération avantageuse par lui faite a été déterminée par une considération qui lui était purement personnelle.

30. — Il est de son devoir de se conformer scrupuleusement aux instructions qu'il a reçues de son préposant. Il répond de tous les événements lorsqu'il ne les a pas suivies, à moins qu'il ne puisse prouver qu'en les exécutant à la lettre, il aurait compromis les intérêts qui lui étaient confiés.

31. — Lorsque la procuration du commis-voyageur est claire, précise et impérative, il ne peut substituer une chose à une autre, faire autre chose que ce qui

____

(1) *Supra*, n° 10.

lui a été mandé, ni mettre ses combinaisons à la place de celles de son patron.

Ainsi, par exemple, s'il a mandat de vendre des marchandises, il ne peut pas les échanger;

S'il a pouvoir d'acheter du vin de Bourgogne de l'année 1858, il ne peut point en acheter de l'année 1859. Il serait en faute, dans ce cas, lors même que la marchandise qu'il aurait achetée, au prix indiqué par le mandant, serait d'une qualité supérieure à celle pour laquelle il avait des ordres (1).

En vain dirait-il qu'il a fait la condition de son patron meilleure : celui-ci répondrait avec juste raison qu'un préposé ne doit pas être admis à se porter juge de la situation. Le patron avait le placement des vins de 1858, tandis qu'il sera peut-être obligé de conserver ceux de 1859 pendant un temps assez long. Il a certainement le droit de les laisser au compte du commis.

32. — S'il existe de l'obscurité ou de l'incertitude dans ses instructions, le commis-voyageur doit demander à son préposant des explications plus précises; ce n'est pas un motif pour lui d'agir à son gré.

Toutefois, si les circonstances ou la nature des

---

(1) *Voy.* Pothier, *Mandat,* n° 97.

ordres ne lui laissaient pas le temps de consulter, et qu'il eût suivi soit l'usage, soit le cours des opérations semblables, il serait difficile d'accueillir les réclamations d'un préposant qui aurait ainsi donné des instructions obscures ou ambiguës. Celui qui donne une procuration doit la rédiger d'une manière explicite et claire ; s'il ne le fait pas, il s'expose à en subir les conséquences.

33. — En outre, bien que ce soit un devoir pour le commis-voyageur de consulter son patron, il y a cependant des circonstances où l'impossibilité de recevoir ses ordres peut mettre le commis dans la nécessité de prendre de suite une détermination et d'agir sur-le-champ. Dans ce cas, lors même qu'il aurait excédé ses pouvoirs, si l'utilité de l'opération est démontrée, et si la gestion est reconnue bonne, le patron doit accepter ce qui a été fait.

34. — En principe, une exécution partielle des ordres du préposant doit être assimilée à une inexécution. Le commis qui exécute partiellement les ordres du patron commet une faute grave. Cette faute donne à celui-ci le droit de se plaindre et même de répudier l'opération.

35. — Il y a cependant des cas où les juges peuvent opérer une division entre ce qui a été fait et ce qui ne l'a pas été, en consultant les circon-

stances, l'intention présumée du préposant, et en la rapprochant des termes de la procuration et des négociations à effectuer.

36. — Le commis-voyageur n'excède évidemment pas les limites de son mandat, lorsqu'il achète à un prix moins élevé, ou lorsqu'il vend à un plus haut prix que celui qui lui a été fixé par son patron (1).

37. — Mais s'il a acheté la marchandise à un prix supérieur à celui qui lui est indiqué par la procuration, le préposant n'est obligé ni envers lui, ni vis-à-vis du vendeur : à l'égard du commis, le patron peut dire que sa gestion n'est pas celle du mandat qu'il lui avait donné ; quant au vendeur, il peut lui opposer qu'un mandant n'est censé contracter avec les tiers, par l'intermédiaire de son mandataire, et n'est obligé vis-à-vis d'eux, qu'autant que celui-ci s'est renfermé dans les limites de ses pouvoirs.

38. — Le commis pourra-t-il, dans ce cas, forcer le préposant à prendre la marchandise au prix qu'il avait fixé ? L'affirmative paraît, au premier abord, naturelle. Cependant, on sait que cette question a été l'objet d'une controverse célèbre entre les juris-consultes romains : « *Si ego pretium statui, tuque*

____

(1) *Voy.* l. 5, § 5, D., XVII, 1.

pluris emisti, quidam negaverunt te mandati habere actionem, etiam si paratus esses id quod excedit remittere; namque iniquum est non esse mihi cum illo actionem si nolit, illi vero si velit mecum esse; sed Proculus recte eum usque ad pretium statutum acturum existimat; quæ sententia sane benignior est (1). »

Ce qui faisait naître le doute, c'est qu'il ne fallait pas, disait-on, que le mandant fût lié alors que le mandataire ne l'était pas. Or, selon la loi que nous venons de citer, le mandant ne pourrait pas forcer le mandataire à lui laisser pour 100 la chose que le mandataire a achetée pour 120, donc, d'après les Sabiniens, celui-ci ne doit pas non plus avoir le droit de contraindre le mandant à recevoir cette chose pour 100.

Mais les proculéiens professaient l'autre opinion, qui prévalut comme plus équitable et plus humaine, *benignior* : « L'argument des sabiniens ne vaut rien, dit Pothier ; je ferais une injustice si j'obligeais mon mandataire à me donner la chose pour le prix porté par la procuration, lorsqu'elle lui coûte plus cher. Au contraire, mon mandataire ne me fait aucun tort en m'obligeant de prendre la chose pour le prix porté

______

(1) L. **3**, § ult ; l. **4**, D., *Mandati.*

par la procuration, et en se chargeant lui-même en pure perte pour lui de ce qu'il l'a achetée de plus (1)»

Cette opinion des proculéiens est généralement suivie dans la doctrine moderne, qui n'a pas pensé que le mandant pût être reçu à se prévaloir de l'excès du mandat, quand il a la chose qu'il voulait, au prix qu'il avait fixé.

C'est aussi le sentiment que nous adoptons comme plus conforme à l'esprit équitable de notre législation.

39. — Nous ajouterons que si le commis-voyageur avait agi de mauvaise foi, s'il avait, avec intention, et sans nécessité, acheté la marchandise à un prix supérieur à celui qui était fixé par son patron, afin de ne pas être obligé de la lui céder, il serait passible envers lui de dommages-intérêts.

40. — Que doit-on décider lorsque le commis-voyageur achète la marchandise au prix fixé par la procuration, s'il résulte des prix courants ou de quelque autre preuve qu'il pouvait traiter à un prix inférieur?

Des auteurs pensent que le mandant n'est tenu vis-à-vis du mandataire que dans les limites de ce dernier prix. Suivant eux, le prix indiqué par le mandat est limitatif en ce sens que le mandataire ne peut le dépasser sans commettre une faute, mais qu'il ne doit

____

(1) *Mandat*, n° 94.

pas l'atteindre, quand il peut traiter à des conditions plus favorables. C'est, disent-ils, une conséquence de la règle : *mandatum semper exsequi debet in majorem mandantis utilitatem.* Le mandataire a seulement le droit d'offrir au mandant la marchandise pour le prix auquel elle aurait dû être achetée (1).

Cette décision n'est-elle pas bien rigoureuse? Le commis-voyageur qui a acheté la marchandise pour le prix fixé par son patron doit-il ainsi être exposé à ne la voir accepter par celui-ci que pour un prix inférieur? Dès que le prix a été indiqué par la procuration, peut-on dire que le commis qui a acheté pour ce prix a excédé son mandat? Sans doute il eût mieux agi, et il se fût montré plus vigilant gardien des intérêts de son préposant en achetant à de meilleures conditions; mais, dès qu'il s'est conformé aux ordres qui lui ont été donnés, sa gestion peut-elle être critiquée, et même devenir pour lui la cause d'une perte certaine?

41. — Les règles qui précèdent sont applicables au commis-voyageur qui est chargé de vendre des marchandises pour le compte d'un commerçant. Ainsi, il ne peut vendre à un plus bas prix que celui qui est

---

(1) MM. Delamarre et Lepoitvin, *Contrat de commission*, vol. II, n° 163.

fixé par la procuration. Le préposant ne serait lié, ni vis-à-vis de lui, ni vis-à-vis de l'acheteur, par la vente que le commis aurait consentie à un prix inférieur.

Néanmoins ce dernier devrait être admis, pour éviter l'action en garantie, que l'acheteur pourrait exercer contre lui, à offrir à son patron la différence existant entre le prix de la vente et celui qui était fixé par le mandat. Dès que cette offre serait faite, soit par le commis, soit par l'acheteur, le patron ne pourrait pas se refuser à faire la délivrance de la marchandise (1).

42. — Si le commis-voyageur avait vendu au prix indiqué par la procuration, nous admettrions difficilement que le patron pût l'inquiéter sous le prétexte qu'il avait la possibilité de vendre à un meilleur prix. C'était à ce dernier à lui faire connaître ses intentions, et à lui fixer de nouvelles conditions, s'il voulait obtenir de sa marchandise un prix plus élevé.

43. — Si le commis-voyageur ne s'est pas conformé aux ordres relatifs aux prix, et si, sur un point, il a dépassé celui qui était indiqué, tandis que sur d'autres, il en a obtenu de plus avantageux, les tribunaux pourraient, selon les circonstances, équitablement compenser le bénéfice avec la perte, à supposer cepen-

______

(1) *Voy*. Pothier, *Mandat*, n° 94.

dant qu'il y eût connexité dans les ordres, c'est-à-dire que les ordres eussent été prescrits par le préposant comme moyens d'une seule et unique opération.

Mais s'il s'agissait de deux opérations entièrement distinctes, il n'y aurait aucune compensation à opérer (1).

44. — Le commis-voyageur doit instruire son patron de tout ce qui est relatif aux négociations qui lui sont confiées, lorsque cette connaissance peut influer sur sa détermination pour modifier, étendre ou révoquer les ordres qu'il a donnés. La négligence du commis peut faire naître contre lui une action en responsabilité.

45. — Il doit aussi donner à son préposant prompt avis des opérations qu'il a conclues. L'exactitude et la diligence sont au nombre de ses promesses et de ses devoirs. Faute d'avoir avisé le patron de la conclusion d'une affaire, il répondrait des dommages que son silence aurait pu occasionner.

46. — Enfin, il est responsable du préjudice que sa conduite, son imprudence, sa négligence ou son impéritie ont pu causer à la maison qui l'emploie. C'est là, du reste, une question qui rentre tout entière dans le domaine de l'appréciation des tribunaux, qui

---

(1) *Voy.* Pothier, *Mandat*, n° 52.

auront à examiner les circonstances, la nature de chaque affaire, les faits de chaque cause (1).

47. — Il ne doit pas traiter avec des tiers notoirement insolvables au temps de la négociation. C'est une faute de suivre la foi d'individus dont l'insolvabilité est notoire. Mais si la faillite ou la déconfiture des personnes avec lesquelles il a traité ne se manifeste que quelque temps après l'opération, il ne peut être déclaré responsable.

48. — Nous ajouterons encore qu'il doit apporter la plus grande discrétion dans l'accomplissement de son mandat : il pourrait, dans certaines circonstances, répondre du préjudice qu'il aurait causé à son patron, en divulguant, par des paroles imprudentes, le secret de sa clientèle et de ses négociations.

49. — En thèse, le commis-voyageur doit s'acquitter lui-même de la mission qui lui est confiée : l'exécution du contrat réside dans un fait personnel à l'obligé, et que le patron a intérêt à voir accomplir par le commis, qu'il n'a choisi et qu'il ne s'est attaché

---

(1) Aux termes de l'art. 200 du Code de commerce espagnol : « Les commis de commerce sont responsables vis-à-vis de leurs chefs de tout préjudice porté à leurs intérêts pour avoir agi dans l'accomplissement de leurs fonctions avec fraude, négligence coupable, ou infraction des ordres et instructions qui leur auront été donnés. » (Trad. de M. Victor Foucher, p. 77.)

que parce qu'il a apprécié son zèle, sa prudence, sa capacité, son intelligence (1).

Le commis-voyageur ne se conformerait donc pas à la convention intervenue entre lui et son patron, s'il se déchargeait sur un individu que ce dernier ne connaîtrait pas, d'une mission qui n'a été confiée qu'à lui-même, *intuitu personæ*.

En agissant ainsi, il commettrait une faute, et il devrait, par conséquent, réparer tout le dommage occasionné par la gestion de son substitué (2).

Le préposant pourrait aussi, suivant les circonstances, se plaindre du préjudice que le commis lui aurait causé, en initiant imprudemment un tiers au secret de ses affaires.

50. — Toutefois, s'il n'en est résulté aucun dommage, si l'opération a été menée à bonne fin, le préposant aura-t-il le droit de répudier la négociation conclue par le substitué ? Au contraire, peut-on dire que, dès que l'affaire a été faite conformément aux

----

(1) Art. 1237 C. N.; Pothier, *Mandat*, n° 99.

(2) L'art. 195 du Code de commerce espagnol porte : « Les commis de commerce ne peuvent déléguer à d'autres les emplois qui leur auront été confiés par leurs chefs, sans le consentement de ceux-ci; en cas de délégation faite d'une autre manière, ils répondront directement de la gestion de leurs substitués et des obligations contractées par eux. » (Trad. de M. Victor Foucher, p. 75).

intérêts et selon les intentions du patron, peu lui importe par qui elle a été terminée; qu'il ne serait pas équitable, qu'il serait même injuste de l'autoriser à ne pas l'accepter? C'est en ce dernier sens que se prononce M. Troplong (1).

51. — Si le préposant avait autorisé le commis-voyageur à se faire remplacer par une personne désignée dans la procuration, il n'y aurait plus de difficulté : le commis qui se ferait remplacer par cette personne serait exonéré de toute responsabilité, puisque le substitué serait choisi par le patron, qui n'aurait qu'à s'imputer le mauvais choix qu'il aurait fait.

52. — Il n'en serait pas de même si le patron, en permettant à son préposé de se faire remplacer, ne lui désignait pas la personne : le commis répondrait de son choix; mais si le substitué était capable et honnête, il ne devrait pas être déclaré responsable de la gestion de celui-ci, et de l'issue malheureuse de l'opération.

53. — Enfin, bien que le commis-voyageur doive, en règle générale, agir par lui-même, s'il se trouvait atteint d'un empêchement personnel, imprévu, et dans des circonstances telles que les délais nécessaires

______

(1) *Mandat*, n° 447 ; *Voy.* cependant Pothier, *Mandat*, n° 99 ; et *infra*, n°. 106.

pour informer son 'préposant pussent être préjudicia-
bles, il serait autorisé à se faire remplacer; et s'il
avait fait choix d'une personne honnête et capable, il
ne devrait pas être déclaré responsable.

54. — Dans les observations qui précèdent, nous
n'avons voulu parler que des rapports entre le préposant et le commis-voyageur. Nous examinerons dans
le chapitre suivant la question de savoir si les engagements pris par celui que le commis s'est substitué
lient le patron envers les tiers.

55. — Quand le préposant a ratifié ce que le commis-voyageur a fait en dehors de ses ordres, il n'est
plus reçu à élever contre lui aucune réclamation.

La ratification peut être expresse ou tacite. La
ratification expresse résulte d'actes écrits, de la correspondance. La ratification tacite résulte de tous
faits contenant une approbation de la part du préposant. Si, après avoir connu ce qui a été fait pour lui
par le commis en dehors de ses instructions, le préposant a consenti à en profiter; si, ayant reçu avis de
ce que son préposé a entrepris pour lui, à son insu,
et hors des limites de ses pouvoirs, il a gardé le
silence, il sera facilement présumé avoir tout ratifié.

La ratification expresse ou tacite produit un effet
rétroactif. Elle est assimilée au mandat qui aurait
été primitivement donné : *Ratihabitio mandato æqui-*

paratur. Mais les effets en sont circonscrits entre les parties; ils ne s'étendent pas aux tiers, auxquels ils pourraient porter préjudice.

Nous verrons dans le chapitre suivant si les tiers ne peuvent pas s'en prévaloir contre le préposant.

56. — Le commis-voyageur qui a touché des sommes pour son patron, par suite ou à l'occasion des négociations dont il était chargé, doit lui en rendre compte dans les formes et les délais d'usage (1).

57. — S'il en applique une partie à ses besoins, il en doit l'intérêt à 6 0/0, du jour de cet emploi (2).

Du reste, comme la mauvaise foi ne se présume pas, et que le préposant est, d'ailleurs, demandeur, c'est à lui à prouver que le commis a employé à son usage personnel les sommes dont il réclame l'intérêt.

58. — Si ce dernier n'a pas employé à son profit les sommes qu'il a reçues pour le patron, il ne lui en doit les intérêts qu'à partir du jour où il est mis en demeure, soit par une demande en justice, soit par une simple sommation ou tout autre acte équivalent (3). La mise en demeure pourrait même résulter de la correspondance des parties.

---

(1) Art. 1993 C. N.
(2) Art. 1996 C. N.
(3) Art. 1996 C. N. ; l. 10, § 3, D., *Mandati* ; art. 1130 C. N.

59. — Si le commis-voyageur perd par force majeure des choses ou des sommes qui lui ont été remises par le préposant, et dont il était détenteur par suite de son mandat, la perte est-elle pour son compte ou pour celui du patron ?

En thèse, le commis n'est pas tenu de faire compte au préposant des objets qui ont péri par force majeure sans sa faute : *res perit domino*. Seulement, s'il a reçu une indemnité, il doit la remettre à ce dernier.

Mais s'il s'agissait de la perte par force majeure d'espèces reçues du préposant, ou pour lui, la perte devrait être supportée par le commis. L'argent monnayé se confond dans sa caisse avec ses autres deniers; il peut s'en servir, sauf à restituer plus tard, non les espèces reçues, mais d'autres de même valeur. Il est considéré comme dépositaire irrégulier, comme propriétaire des sommes dont il est détenteur (1).

Il faudrait, toutefois, donner une autre solution, si les espèces devaient être considérées comme corps certain, *in individuo*, si, par exemple, elles étaient renfermées dans des sacs cachetés pour être restituées identiquement; elles resteraient alors la propriété du préposant, et périraient pour lui, en vertu de la maxime

---

(1) *Voy.* MM. Delamarre et Lepoitvin, *Contrat de Commission*, vol. II, n° 223 ; Troplong, *Mandat*, n°ˢ 437 et suiv.

res perit domino. Il en serait de même dans le cas où l'argent aurait été constamment et soigneusement renfermé par le commis-voyageur dans une caisse à part, enlevée à force ouverte par des brigands ; ou bien encore, si tout l'argent qui se trouvait chez le commis avait été enlevé de vive force, sans que l'on pût lui imputer ni négligence, ni imprudence, et alors qu'il serait établi par lui que, depuis la réception des fonds du préposant, aucune somme n'était sortie de sa caisse (1).

L'équité dicte évidemment ces solutions.

60. — C'est une question très controversée dans la doctrine et dans la jurisprudenceque celle de savoir si la contrainte par corps peut être prononcée contre le commis-voyageur pour les obligations qu'il a contractées envers son préposant.

La Chambre des requêtes a jugé plusieurs fois l'affirmative (2).

Mais l'opinion contraire est consacrée par la Cour de Paris (3) et par la Cour de Montpellier (4), qui ont

____

(1) MM. Delamarre et Lepoitvin, Troplong ; *loc. cit.*

(2) *Voy.* Req., 3 janvier 1828 ; 23 août 1853 ; Dev. 55, 1, 808 ; en ce sens, Rouen, 5 janvier 1855 ; Dev. 55, 2, 602 ; M. Coin-Delisle, *Contrainte par corps*, append., art. 1ᵉʳ, n° 18.

(3) 21 janvier et 28 avril 1854 ; 19 décembre 1855 ; Dev. 56, 2, 211.

(4) 24 janvier 1851 ; Dev. 51, 2, 518.

décidé que, bien que les commis soient justiciables du tribunal de commerce à raison des engagements par eux contractés envers leurs patrons, — ce que nous expliquerons plus loin, — ces engagements n'ont pas pour autant le caractère commercial nécessaire pour soumettre ces préposés à l'exercice de la contrainte par corps (1).

Cette dernière opinion nous semble préférable : un engagement n'est commercial que lorsqu'il procède d'un fait ou d'un acte commercial. Le commis qui se borne à engager ses services à un négociant, au nom duquel il agit pour l'aider dans ses opérations, ne fait pas un acte de commerce. Quand même le préposant aurait la faculté de le poursuivre devant le tribunal de commerce (2), ce ne serait pas un motif pour que ce tribunal eût le droit de prononcer contre le préposé la contrainte par corps. Cette voie rigoureuse d'exécution n'est pas une conséquence nécessaire de la juridiction saisie ; elle dépend uniquement du caractère commercial de la contestation.

On a quelquefois cherché à établir une distinction entre les diverses obligations du préposé : s'il s'agit,

---

(1) En ce sens, MM. Nouguier, *Des tribunaux de Comm.*, vol. II, p. 79 ; Massé, vol. III, n°s 7 et 8.

2) *Voy. infra*, n°s 196, 197.

a-t-on dit, de celles qui naissent directement du contrat de louage, la contrainte par corps ne doit pas être prononcée. Mais il en est autrement des obligations qui prennent naissance à l'occasion du trafic du commerçant dont le commis est le coopérateur, comme, par exemple, lorsqu'il s'agit de sommes touchées par suite des opérations dont il a été chargé.

Cette opinion ne repose sur aucune base; et la Cour de Paris l'a condamnée avec juste raison par son arrêt du 21 janvier 1854 (1).

La Cour de Lyon a très bien jugé aussi que la dette d'un commis envers son patron, à raison d'une somme que celui-ci lui avait confiée pour un emploi déterminé, ne constituait pas une dette commerciale pouvant donner lieu à prononcer la contrainte par corps contre le commis (2).

Dès que l'on admet que la contrainte par corps ne peut être prononcée contre le préposé à raison des obligations qui naissent directement du contrat intervenu entre lui et son préposant, c'est probablement parce que l'on reconnaît que son engagement, sa mission, n'ont aucun caractère commercial. Or, nous ne voyons pas par quel effort de logique on a pu sou-

____

(1) D. P., 55, 2, 38.
(2) 21 août 1856, D. P., 57, 2, 85.

tenir que le fait d'avoir touché une somme par suite de l'un des actes de cette mission avait ce caractère. Evidemment, aucune distinction ne doit être faite; dans aucun cas, la contrainte par corps ne peut être prononcée contre le commis-voyageur.

Cependant, nous donnerions une autre décision à l'égard du commis intéressé, c'est-à-dire du commis dont le salaire serait proportionnel aux bénéfices du préposant (1), car cette participation aux produits des opérations de la maison imprime à ses actes un caractère commercial. On peut objecter que la nature de son engagement est la même que celle de l'engagement du commis qui reçoit des appointements fixes; que les services du premier sont seulement promis pour des avantages plus aléatoires que ceux du second. Mais l'intérêt qu'il a dans les opérations du patron constitue, selon nous, une véritable spéculation commerciale.

61. — Il faut aussi se rappeler que s'il s'agit de dommages-intérêts, qui peuvent être la conséquence de l'inexécution des engagements contractés par le commis-voyageur, les juges ont le droit de prononcer contre lui la contrainte par corps, lorsque ces dom-

---

(3) *Voy. supra*, n° 7.

mages-intérêts excèdent la somme de 300 francs (1).

62. — Le commis-voyageur qui aurait détourné ou dissipé, au préjudice de son préposant, des effets, deniers, marchandises, billets, quittances ou tous autres écrits contenant ou opérant obligation ou décharge, qui lui auraient été confiés pour son travail, à la charge de les rendre ou représenter, ou d'en faire un usage ou un emploi déterminé, commettrait un abus de confiance, qui serait puni de la réclusion (2).

Mais la Cour de cassation a jugé avec raison que l'individu, qui est chargé par une maison de commerce de recevoir et de placer les marchandises qu'on lui envoie, et qui, par la nature de ses relations avec cette maison, n'est empêché ni d'avoir des commissions semblables de différentes maisons, ni de se livrer à des opérations pour son propre compte, ne peut être réputé *commis* dans le sens du second alinéa de l'art. 408 Code pén., et que, par suite, l'abus de confiance qu'il commet au préjudice de la maison qui l'emploie, ne prend pas de sa qualité le caractère de crime (3).

---

(1) Art. 126 C. Proc. civ.
(2) Art 408 C. Pén., 2ᵉ alin.
(3) Ch. crim. 3 juin 1841.

63. — Nous verrons, dans le chapitre IV, si le préposant peut contraindre le commis-voyageur qui cesse ses fonctions, à lui remettre les lettres qu'il lui avait écrites relativement à ses commissions.

64. — Les commis-voyageurs prennent assez souvent, envers là maison qui les emploie, l'engagement, pour le cas où ils viendraient à quitter le service de cette maison, de n'exploiter, par eux-mêmes ni par d'autres, directement ou indirectement, la tournée dont ils sont chargés.

Nous avons vu que, lorsque le commis-voyageur, en s'engageant envers une maison de commerce, s'interdit la faculté de prendre, en aucun temps ni en aucun lieu, après sa sortie, un emploi semblable dans une autre maison faisant le même commerce, cette clause doit être déclarée nulle (1).

Mais si l'interdiction ne porte que sur un rayon déterminé, et pour un temps limité, selon l'intérêt du patron, la stipulation est valable.

Un négociant qui initie un commis-voyageur au secret de ses affaires, qui le met en rapport avec ses clients, et lui livre ainsi toutes ses relations dans le rayon qu'il lui donne à parcourir, a certainement le droit de prendre les précautions nécessaires pour que

---

(1) *Voy. supra*, n° 20.

celui-ci ne puisse pas, après avoir quitté sa maison, lui faire une concurrence préjudiciable.

Bien plus, nous donnerions la même solution, soit dans le cas où l'interdiction s'étendrait à tous lieux, mais serait raisonnablement limitée dans sa durée, soit dans celui où portant sur un rayon déterminé, elle serait stipulée pour toute la vie du commis-voyageur.

Cependant, dans le dernier cas, les tribunaux pourraient, quoique la clause fût, par ses termes, illimitée quant à la durée, la renfermer, d'après une sage et équitable interprétation de la convention (1), dans des limites de temps suffisantes pour permettre au préposant de raffermir les liens de sa clientèle et de se mettre à l'abri d'une concurrence inégale (2).

65. — Quand la clause est licite, ainsi que nous venons de l'expliquer, quels en seront les effets, si la condition prévue se réalise, c'est-à-dire si le commis-voyageur cesse d'être attaché à la maison?

Plusieurs hypothèses peuvent se présenter : ou la résiliation de l'engagement a lieu par le fait ou la faute du commis; ou elle a lieu par la volonté ou le

____

(1) Art. 1156 C. N.
(2) *Voy.* Bordeaux, 2 août 1849 ; Dev. 50, 2, 217 ; J. *P.*, 1850, t. II, p. 132.

fait du patron; ou bien, enfin, les deux parties résilient volontairement leurs rapports.

Ces situations nous semblent devoir conduire à des résultats différents.

66. — *Première hypothèse*. — Si c'est le commis qui, par sa faute, donne lieu à la résolution, la clause prohibitive doit produire contre lui son effet. Cette clause est une des conditions de son engagement; elle n'a rien, nous le supposons, en elle-même, d'illicite. Le commis-voyageur ne peut pas être admis à profiter de la résolution qui est prononcée contre lui par suite de son fait ou de sa faute, pour s'affranchir d'une obligation valablement contractée.

67. — *Deuxième hypothèse*. — Si c'est par la volonté ou le fait du patron que la résolution de l'engagement s'opère, il est difficile d'admettre qu'il puisse invoquer l'effet de la clause prohibitive contre le commis qu'il congédie ou qu'il a autorisé par sa conduite à demander la résolution.

C'est ce que décidaient MM. Duvergier, Paillet et Brochon, dans une consultation délibérée en faveur du commis-voyageur (le sieur Lafargue) : « Une fois entendu, disaient-ils, qu'il y a lieu à résolution, il ne s'agit plus que de savoir si cette résolution aura pour objet de relever M. Lafargue de la prohibition à laquelle il s'était soumis. Mais qui peut en douter?

Est-ce que les obligations ne sont pas corrélatives dans un contrat synallagmatique, de manière à ne former qu'un tout indivisible? Est-ce qu'il n'en est pas de la condition résolutoire sous-entendue comme de celle qui a été expressément stipulée? Est-ce qu'elles n'opèrent pas l'une et l'autre, quand elles s'accomplissent, la révocation de l'obligation *en remettant les choses au même état que si l'obligation n'avait pas existé*? (Cod. civ. 1183, 1184.) Enfin comprendrait-on, en droit, en équité, en raison, que le contrat pût se survivre à lui-même dans la plus dure, la plus exorbitante de ses clauses, au profit de celle des parties qui l'a violé, et au préjudice de celle qui l'a fidèlement exécuté, tant qu'il a fait leur loi commune?...»

Néanmoins la cour de Bordeaux, devant laquelle fut portée la difficulté dont s'occupait la consultation précitée, décida que le commis-voyageur continuerait d'être lié après la résolution de son traité (1).

Mais il faut remarquer que, dans l'espèce, la maison qui avait contracté avec le commis-voyageur avait, dans la prévoyance d'une rupture, stipulé une interdiction contre le commis, *pour quelque cause que cette rupture eût lieu.* La cour de Bordeaux crut devoir interpréter le contrat en ce sens que l'engagement

---

(1) Arrêt du 2 août 1849 précité.

pris par le commis-voyageur de ne pas exploiter la tournée après la cessation de ses services, était absolu, et embrassait dans ses termes, comme dans son esprit, même le cas où ce préposé aurait de légitimes motifs de rupture.

La cour reconnaissait, d'ailleurs, qu'en fait, rien n'établissait que le patron eût manqué à ses engagements.

Cependant l'arrêt ajoute : « On ne peut appliquer à l'espèce les règles ordinaires de réciprocité en matière de contrats synallagmatiques, et les dispositions des art. 1183 et 1184 Cod. civ., touchant la condition résolutoire, parce qu'ici la réciprocité n'est pas possible ; qu'une fois le commis en possession des secrets de la maison et en rapport avec la clientèle, les choses ne sont plus entières et ne sauraient être remises au même état qu'avant le contrat (1). »

Nous ne croyons pas que cela suffise pour que le patron puisse invoquer la clause prohibitive, lorsqu'il a donné au commis de justes motifs de rupture, ou lorsqu'il le congédie sans motifs sérieux. La réciprocité, dit la cour de Bordeaux, n'est plus possible ; mais est-il équitable de permettre à celui qui a violé le contrat de faire valoir cette considération pour main-

---

(1) *Voy.* aussi, en ce sens, Douai, 26 avril 1845; Dev., 45, 2, 555.

tenir contre l'autre partie une obligation qu'elle n'a contractée que parce qu'elle pensait que le traité serait loyalement exécuté ? Est-il plus équitable d'accorder au patron cette faculté quand il congédie sans cause son commis? N'est-il pas évident que, dans un traité de cette nature, le préposé a considéré comme l'équivalent de l'interdiction à laquelle il s'est soumis, les avantages qu'il pouvait retirer de son emploi? On ne peut donc pas autoriser le patron, en le congédiant sans motifs, peut-être après un séjour très court dans sa maison, et en le privant de ces avantages, à le retenir dans les liens d'un engagement aussi préjudiciable? Une telle décision serait vraiment injuste et inhumaine. Elle doit, en thèse, être proscrite. Elle ne pourrait être donnée par les tribunaux qu'autant qu'il résulterait de l'interprétation de la convention et des circonstances de la cause que telle a été certainement la volonté des parties.

68. — *Troisième hypothèse.* — Enfin, si les parties résilient leurs rapports d'un commun accord, les juges admettront facilement qu'en se séparant ainsi volontairement, qu'en rompant à l'amiable leur traité, elles ont renoncé l'une et l'autre, soit aux avantages, soit aux charges qui en résultaient, et qu'elles n'ont pas entendu laisser subsister la prohibition stipulée par le patron contre le commis.

Les tribunaux pourraient cependant décider le contraire, par suite d'une saine appréciation des clauses de l'engagement et de la résiliation, ainsi que des faits et circonstances de la cause.

---

§ III.

Obligations du préposant vis-à-vis du commis-voyageur.

SOMMAIRE.

69. — De l'obligation du préposant relative au paiement des appointements du commis.

70. — Suite : de la preuve concernant la quotité des salaires, et les paiements faits par le patron.

71. Suite : la disposition de l'art. 1781 C. N. est-elle applicable aux relations du patron et du commis-voyageur ? Négative.

72. — Suite : *Quid* lorsque le commis est dans l'impossibilité d'accomplir les services promis ? *Quid* si cette impossibilité n'est que momentanée ?

73. — Dans quels bénéfices le commis intéressé, qui vient à quitter la maison, a-t-il droit de prendre part ? peut-il faire rechercher et liquider son intérêt par la vente des marchandises ?

74. — Celui auquel il est promis un émolument proportionnel sur les bénéfices de la maison, ne doit-il pas supporter la déduction des intérêts des capitaux empruntés par le patron pour les besoins de son commerce ?

75. — De l'obligation du préposant relative au remboursement des avances faites par le commis pour son
service.

76. — Suite : *Quid* de l'intérêt des avances? *Quid* de l'intérêt des appointements ou des droits de commission?

77. — Suite : taux de l'intérêt.

78. — Suite : *Quid* si le commis a entre les mains, pour une
somme égale à celle qu'il a déboursée, des valeurs
appartenant au patron?

79. — Suite : *Quid* s'il est en retard pour rendre son compte?

80. — Suite : droit accordé au commis de *compenser* et *retenir*
sur les sommes du patron, qu'il a en sa posses-
sion, le montant des avances et déboursés.

81. — Suite : droit de rétention accordé au commis sur le
corps certain acheté pour le compte du patron, et
dont il est en possession.

82. — Du privilége attribué au commis-voyageur pour le
paiement de ses salaires.

83. — Suite : le privilége doit-il être étendu aux remises
proportionnelles? Négative.

84. — Suite : n'est point accordé pour les avances faites par
le commis.

85. — Suite : *Quid* du privilége de l'art. 2102, n° 3, C. N.?

86. — Le préposant est-il tenu d'indemniser le commis-voyageur des pertes essuyées par lui dans sa gestion?

87. — Prescription des actions du commis-voyageur.

88. — Suite : par quel laps de temps l'action en paiement
des appointements se prescrit-elle? Opinions diverses des auteurs et de la jurisprudence; solution.

89. — Suite : *Quid* si le commis était convenu avec le patron
de lui laisser chaque année ses appointements pour
être capitalisés et produire des intérêts se capitalisant eux-mêmes?

90. — Suite : par quel temps les commissions ou remises
proportionnelles se prescrivent-elles?

91. — Suite : *Quid* de la prescription des avances?

92. — Suite : *Quid* de l'action en indemnité en cas de perte?

69. — La principale obligation du préposant envers
le commis-voyageur consiste à lui payer, soit ses salaires ou appointements, qui peuvent être fixés à
l'année, au mois ou à la journée, ainsi que nous
l'avons expliqué (1), soit les remises proportionnelles
convenues.

La quotité des salaires, à défaut de convention
expresse entre les parties, serait déterminée par les
tribunaux.

70. — On doit, soit pour la quotité des salaires,
soit pour les paiements faits par le patron, recourir
aux principes généraux en matière de preuve, et spécialement aux livres de ce dernier.

En matière commerciale, les tribunaux peuvent
toujours admettre la preuve testimoniale, et, par suite,
les présomptions. En outre, les livres des commerçants font preuve contre eux, même en faveur des
non commerçants (2), et, par conséquent, en faveur
de leurs commis. Les juges sont autorisés à y puiser
les présomptions, pour statuer sur les difficultés relatives aux salaires de ces préposés.

Si les livres ne contenaient rien de précis, ou por-
taient des indications différentes des prétentions

----

(1) *Supra,* n° 6.
(2) Art. 1330 C. N,

élevées par le patron, le serment pourrait être déféré au commis-voyageur.

71. — L'art. 1781 Code Nap., d'après lequel le maître est cru sur son affirmation pour la quotité des gages des domestiques et ouvriers, pour le paiement du salaire de l'année échue et pour les à-comptes donnés pour l'année courante, ne doit pas s'appliquer aux relations du patron avec le commis-voyageur. Cette disposition n'a trait qu'aux ouvriers et aux domestiques. Or, nous avons vu (1), que le commis-voyageur ne doit pas être rangé dans cette catégorie.

La disposition de l'art. 1781 n'embrasse que des intérêts assez bornés, et qui ne sont ordinairement réglés que verbalement. Dès lors, le législateur a cru devoir, à défaut de tout autre document, s'en rapporter à l'affirmation de celui-ci qui, par sa position, lui paraissait le plus digne de confiance. Mais cette règle exorbitante ne saurait, sans de graves inconvénients, être suivie hors des cas pour lesquels elle a été édictée (2).

Il en serait évidemment de même si le commis-voyageur, indépendamment d'une rétribution fixe, avait

------

(1) N° 12.

(2) *Voy.* MM. Pardessus, n° 534 ; Troplong, *Louage*, n° 887 ; Paris, 7 mars 1835 ; Dev. 35, 2, 235 ; Lyon, 30 mai 1838 ; Dev. 38, 2, 426.

droit à une part proportionnelle dans les bénéfices de la maison, et, à plus forte raison, si la contestation portait uniquement sur l'existence et la consistance des bénéfices réalisés, et non sur la quotité des gages ou sur les paiements faits ou les à-comptes donnés, seuls cas prévus et réglés par l'art. 1781.

La cour de Lyon, qui le décide ainsi par son arrêt du 30 mai 1838, dit très bien : « Le négociant qui s'est engagé à faire participer son commis aux bénéfices de son commerce, ne peut pas être admis à demander que ces bénéfices soient constatés par son serment, alors que des règles qui lui sont imposées par la loi l'assujettissent à les constater par des livres régulièrement tenus et par des inventaires annuels. »

C'est aussi parce que le préposant a manqué à l'une de ses obligations, qui consiste à tout inscrire sur ses livres, ou à faire exactement cette inscription (1), que, même dans le cas où le commis-voyageur n'est pas intéressé, les tribunaux peuvent lui déférer le serment, tant pour la quotité du salaire que pour les paiements faits, comme nous l'avons dit (2), si les livres du patron ne contiennent rien de précis ou portent des indications contraires à ses prétentions (3).

----

(1) Art. 8 C. comm.
(2) N° 70.
(3) Art. 1367 C. N.

72. — Lorsque le commis-voyageur se trouve, par suite d'une force majeure ou d'un cas cas fortuit, dans l'impossibilité d'accomplir les services promis , son préposant est déchargé de l'obligation d'en payer le prix.

Toutefois, si cette impossibilité n'avait été que momentanée, et que l'engagement du commis fût contracté pour une année, ou pour un autre temps limité, le patron, dans le silence de la convention , serait difficilement reçu à faire une déduction proportionnelle sur les appointements (1).

Ce n'est qu'autant qu'il y aurait faute de la part du commis-voyageur, par exemple, s'il était malade à la suite d'une débauche ou d'une rixe, que la déduction pourrait être faite (2).

En cas d'engagement à la journée, il n'y aurait lieu qu'au paiement des jours de travail effectif que le commis aurait exécuté.

73. — Le commis-voyageur intéressé, qui vient à quitter la maison à laquelle il était attaché, n'a pas

____

(1) *Voy.* Pothier, *Louage,* n° 168.

(2) D'après la disposition de l'art. 201 du Code de commerce espagnol, « les accidents imprévus et non imputables qui empêchent les commis salariés de faire leur service, ne suspendent pas leur salaire, à moins de convention contraire et que l'incapacité ne dépasse trois mois. » (Trad. de M. Victor Foucher, p. 77).

seulement droit à une part dans les bénéfices réalisés au jour de sa retraite; il a droit, en outre, à une part dans le bénéfice qui peut résulter de la comparaison du prix actuel des marchandises avec leur prix d'achat. On ne saurait lui contester ce droit sans être conduit à cette conséquence inadmissible, qu'après avoir employé son industrie et son temps à des achats qui ont profité à son préposant, il pourrait être contraint de se retirer sans aucune rémunération, parce que les marchandises achetées par ses soins n'auraient pas encore été vendues, bien que leur existence constituât pour la maison un bénéfice plus ou moins considérable.

Mais le commis n'a pas le droit de faire rechercher et liquider son intérêt par la vente forcée des marchandises. Il n'est pas dans la position d'un associé ordinaire (1), qui a le droit, lorsque la société prend fin, d'exiger une liquidation de l'actif social (2).

74. — Celui auquel il est promis un émolument proportionnel sur les bénéfices nets de la maison, doit supporter la déduction des intérêts des capitaux empruntés par le patron pour les besoins de son commerce.

------

(1) *Voy. supra,* n° 8.
(2) *Voy.* Bordeaux, 21 janvier 1857 ; Dev., 57, 2, 541.

Cette proposition a cependant été contestée : le sieur Godron-Lasson s'était chargé de voyager pour le compte de Debuyser, pendant six ans, moyennant un traitement annuel fixe de 1,800 fr., plus un huitième dans les bénéfices provenant chaque année de son commerce, déduction faite des frais.

Godron-Lasson prétendait que les intérêts des sommes empruntées par son préposant ne devaient pas être compris dans les frais ; que c'était l'associé seulement, et non le commis intéressé, qui devait supporter la charge des capitaux empruntés. Ce dernier, disait-il, n'ayant à s'immiscer en rien dans la direction des affaires de la maison, ignore et doit ignorer au moyen de quels capitaux le patron la fait marcher ; il n'a pas même le droit de s'en enquérir, et encore moins celui de s'opposer aux emprunts ; tout ce qui l'intéresse, ce sont les achats et les ventes, et c'est sur les bénéfices, qui en résultent, que le *quantum*, qui lui est alloué pour émolument, doit être calculé.

La Cour de Douai et la Chambre des requêtes condamnèrent avec juste raison ces prétentions (1). Cette décision n'assimile point, comme on l'a objecté,

----

(1) Douai, 31 mai 1854 ; Req. 16 avril 1855 ; Dev. 55. 1, 430.

le commis intéressé à l'associé ; elle fait simplement une juste application de la convention.

75. — Indépendamment des remises ou salaires promis, le préposant doit rembourser au commis-voyageur toutes les avances qu'il a faites pour son service, si elles ne sont pas du nombre de celles qui sont réputées être à la charge de ce préposé, et se trouver implicitement comprises dans les conditions de ses appointements (1).

76. — Il a droit à l'intérêt des avances qu'il peut avoir faites pour son patron, à dater du jour de ces avances constatées soit par les quittances, soit de toute autre manière (2).

Mais il n'en est pas de même des appointements ou des droits de commission promis : ils ne sont pas de plein droit productifs d'intérêts.

77. — Le taux de l'intérêt dû par le patron pour les avances que le commis-voyageur a faites est de 6 p. 0/0, taux légal en matière de commerce.

78. — Peut-on le considérer comme étant en avance, quand il a entre les mains, pour une somme égale à celle qu'il a déboursée, des valeurs appartenant au préposant ?

---

(1) Art. 1999 C. N.
(2) *Voy.* art. 2001 C. N.

Oui, si ces valeurs ne sont pas liquides; et, dans cette hypothèse, il lui serait permis de réclamer l'intérêt des sommes qu'il aurait avancées pour celui-ci.

Il en serait autrement, si les valeurs appartenant au patron étaient liquides.

79. — S'il était en retard pour rendre son compte, il ne pourrait pas demander l'intérêt de ses avances. C'est, du moins, ce que la Cour de cassation a décidé par rapport à un associé gérant (1); et cette décision est approuvée par M. Pardessus, qui considère la perte du droit de demander les intérêts comme une juste peine du retard apporté par le mandataire à rendre son compte (2).

80. — Quoique le commis-voyageur doive restituer entièrement au préposant tout ce qui lui provient de sa gestion, il peut cependant *compenser* et *retenir,* comme le dit Pothier, sur les sommes du patron, qu'il se trouve avoir en sa possession, le montant constaté des avances et déboursés auxquels l'exécution de son mandat a donné lieu (3).

81. — S'il a acheté un corps certain pour le compte de son préposant, et qu'il en soit détenteur, il a le

____

(1) Cass., 21 juin 1819.
(2) Vol. II, n° 558, 5e édit.
(3) Pothier, *Mandat,* n° 58.

droit de rétention, jusqu'au remboursement de ce qu'il a payé; il peut le retenir *veluti quodam jure pignoris* (1).

Il pourrait exercer ce droit vis-à-vis des créanciers du patron aussi bien que vis-à-vis du patron lui-même. Telle est, du moins, notre opinion.

82. — Le commis-voyageur a-t-il un privilége pour le paiement de ses salaires?

Selon nous, ce préposé ne pouvait, avant la promulgation de la loi de 1838 sur les faillites, invoquer aucun privilége. Nous avons vu qu'il ne devait pas être classé dans la catégorie des gens de service (2).

Plusieurs auteurs émettent la même opinion, et ils en donnent pour motif que le commis-voyageur n'est qu'un mandataire salarié, auquel le privilége n'est point accordé (3).

Ce motif ne sera point accueilli par ceux qui adopteront la doctrine que nous professons sur les caractères du contrat existant entre le commis-voyageur et son préposant.

Quoi qu'il en puisse être, la question nous semble aujourd'hui résolue, pour le cas de faillite, qui sera le

------

(1) Pothier, *Mandat*, n° 59.

(2) *Supra*, n° 12.

(3) MM. Duranton, vol. XIX n° 58, note 2 p. 63 ; Favard, *Rép.*, v° Privilége, sect. I. § I ; Paul Pont, sur l'art. 2101 C. N. n° 83. — *Junge* : Montpellier, 12 juin 1829.

plus général, par un texte formel, par l'art. 549 Code comm., qui porte que « les salaires dus aux commis pour les six mois qui auront précédé la déclaration de faillite seront admis au même rang que le privilége établi par l'art. 2101 du Code civil pour le salaire des gens de service. »

Ce texte de la loi de 1838 vient encore confirmer ce que nous avons dit (1) sur le caractère du commis-voyageur, lorsque nous avons décidé qu'il ne devait pas être compris parmi les gens de service, puisque les rédacteurs de cette loi ont jugé nécessaire d'accorder aux *commis*, et, par conséquent, aux commis-voyageurs comme aux autres, un privilége pour le salaire de six mois sur l'actif de la faillite du patron, privilége auquel ils donnent le même rang qu'à celui des gens de service.

La disposition de l'art. 549 est générale, et comprend sous le nom de *commis*, nous le répétons, les commis-voyageurs aussi bien que les autres. Le commis-voyageur est un préposé qui remplit au dehors des fonctions de même nature que le commis de magasin. Il y a même raison de lui attribuer le privilége mentionné dans cette disposition.

83. — Toutefois, il ne peut être invoqué que par

____

(1) *Supra,* n° 12.

les commis-voyageurs qui reçoivent des appointements fixes. Il ne doit pas être étendu aux remises proportionnelles allouées sur le montant des ventes (1). Les commis qui reçoivent ces remises travaillent en quelque sorte à leurs risques et périls, échangeant l'emploi de leur temps contre une rétribution proportionnelle aux affaires qu'ils traitent. L'art. 549 Code comm. n'accorde le privilége que pour les *salaires*. Cette expression ne peut s'appliquer aux remises.

S'il est alloué au commis-voyageur, en sus de ses appointements, une commission de tant pour cent sur le produit net des marchandises par lui placées, les appointements seuls seront privilégiés ; la somme à lui due pour la commision ne le sera pas.

Le tribunal de commerce de la Seine a également décidé que le privilége devait être refusé au voyageur d'une maison de commerce en faillite, qui n'était rémunéré qu'au moyen d'une indemnité par chaque jour de route et un intérêt sur les affaires par lui faites : « attendu que la créance ne consiste pas en appointements, mais est le résultat d'avances par lui faites pour ses patrons, et de bénéfices aléatoires qui ne sauraient engendrer le privilége réservé aux com-

____

(1) Trib. de comm. de la Seine, 27 janvier 1857 ; D., P., 58. 3, 48.

mis et employés d'une maison de commerce (1). »
Dans l'espèce, celui qui réclamait le privilége voyageait pour plusieurs maisons de commerce, et n'était
exclusivement attaché à aucune d'elles, ce qui rendait
la solution encore moins douteuse.

84. — La loi n'a pas accordé au commis-voyageur,
comme elle l'a attribué au commissionnaire (2), un
privilége pour la garantie du paiement des avances
qu'il peut avoir faites à son patron, ce qui, du reste,
arrive assez rarement. Les priviléges étant de droit
étroit, et ne s'établissant pas par interprétation, l'action du commis en paiement de ses avances n'est
qu'une action ordinaire et non privilégiée.

85. — Le commis-voyageur peut-il, à raison des
avances qu'il aurait faites pour sa gestion, avoir droit,
sur l'actif de la faillite du préposant, au privilége accordé par l'art. 2102, n° 3, Code Nap., aux frais faits pour
la conservation de la chose ? Nous ne le pensons pas :
le commis-voyageur se trouve, pour ces avances, et
quant au privilége, dans la même position que les
autres créanciers qui ont avancé ou prêté des fonds
au patron (3).

---

(1) 1ᵉʳ mai 1857 ; D., P., 58, 3, 48.
(2) *Voy.* art. 93 C. comm.
(3) *Voy.* Paris, 24 août 1837, J. P., 1839, t. II, p. 256.

Vainement objecterait-on que l'on doit considérer les sommes ainsi avancées comme frais faits pour la conservation de la chose, et, par suite, comme privilégiées, par la raison qu'elles avaient pour résultat d'assurer l'exécution de l'entreprise, et conséquemment sa conservation.

Cette opinion, qui a été soutenue même devant la Cour de cassation, n'a pas triomphé (1).

La Cour de Paris, dans l'arrêt précité du 24 août 1837, qui était attaqué, avait très bien répondu à cette objection, en disant que, sans doute, les avances d'un mandataire ou d'un commis avaient pu contribuer à mettre le mandant ou le commettant en mesure soit de faire de nouveaux bénéfices, soit *d'éviter de faire des pertes ;* mais qu'il en était de même de toutes les avances qui se font à un négociant ; qu'il n'en résulte point que le mandataire ou le commis puissent invoquer, sur l'actif de la faillite du mandant ou du commettant, le privilége des frais faits pour la conservation de la chose, privilége qui ne peut jamais être exercé sur la généralité de l'actif d'un débiteur, qui ne peut l'être que sur le prix ou le produit d'une chose mobilière déterminée, et qui, d'ailleurs, n'est

---

(1) Req., 8 janvier 1839, 5; *J. P.*, 1839, t. II, p. 256.

pas accordé par la loi à toutes les espèces de frais dont cette même chose a pu être l'objet (1).

86. — Le préposant est-il tenu, lorsque la convention est muette, d'indemniser le commis-voyageur des pertes essuyées par lui dans sa gestion?

En thèse, il est obligé de l'indemniser des pertes dont cette gestion a été la cause ou l'occasion, et que le commis a éprouvées sans imprudence de sa part.

La question de savoir dans quels cas le mandant était tenu des pertes du mandataire était autrefois controversée :

Pothier distinguait si le mandat avait été la *cause,* ou s'il n'avait été que l'*occasion* des pertes souffertes par le mandataire; et, par cause, il entendait la cause prochaine. C'était seulement dans le premier cas qu'il accordait au mandataire une indemnité : « Les pertes souffertes par le mandataire, dont l'affaire qui fait l'objet du mandat a été la *cause prochaine,* sont aussi censées souffertes *ex causa mandati,* et doivent, en conséquence, lui être remboursées (2). »

Puis, Pothier ajoute : « Il faut, néanmoins, avoir une grande attention à distinguer si la perte soufferte par l'associé ou par le mandataire est une perte dont

______

(1) *Voy.* cependant Angers, 8 décembre 1848, *J. P.,* t. II, p. 189.
(2) *Mandat,* n° 75.

la gestion, dont cet associé ou ce mandataire s'est chargé ait été la *cause*, ou si c'est une perte dont cette gestion ait été seulement l'*occasion*; car si elle n'en a été que l'*occasion*, il n'en est pas dû d'indemnité au mandataire, non plus qu'à l'associé (1). »

La doctrine de Pothier avait surtout pour but de concilier plusieurs textes du droit romain, notamment la loi 52, § 4, *Pro socio,* et la loi 26, § 6, *Mandati.*

Pour arriver à la conciliation de ces deux lois, Pothier suppose que, dans l'espèce de la première, — qui déclare que la perte éprouvée par l'associé volé dans son voyage est une perte sociale, — le lieu où cet associé a été attaqué et volé, était un lieu infesté de voleurs et dangereux, par lequel il ne se serait pas exposé à passer, s'il n'y eût été obligé pour l'affaire dont il s'était chargé. En ce cas, dit-il, le risque qu'il y avait à courir de passer par ce chemin était un risque dépendant de sa gestion. C'est cette gestion qui est la cause pour laquelle il s'était exposé à ce risque, auquel il ne se serait pas exposé sans cela, et elle est, par conséquent, la cause de la perte.

Mais dans la loi 26, § 6, *D., Mandati,* poursuit Pothier, le lieu où le mandataire à été attaqué et

---

(1) *Loc. cit.,* n° 76.

volé était un lieu par lequel il n'y avait pas plus de risque que dans aucun autre. On ne peut pas dire qu'en se chargeant de la gestion, il se soit exposé à aucun risque qui fût une dépendance de cette gestion, ni par conséquent, que cette gestion soit la cause de l'accident qui lui est arrivé. Elle n'est que l'occasion de cet accident et de la perte : *hoc magis casibus imputari debet*.

Nous ne voulons pas examiner ici le mérite des controverses auxquelles les textes précités et quelques autres ont donné lieu; on nous permettra seulement de dire qu'en cherchant à concilier, par une distinction subtile, des textes peut-être inconciliables, le célèbre et judicieux Pothier a été conduit à professer une doctrine plus rigoureuse et moins équitable que celles que nous sommes habitués à rencontrer dans son enseignement.

L'opinion de Domat était différente; voici comment il s'exprime : « Si un procureur constitué souffre quelque perte ou quelque dommage *à l'occasion* de l'affaire dont il s'est chargé, on jugera par les circonstances, si la perte devra tomber ou sur luy, ou sur celuy de qui il faisoit l'affaire. Ce qui dépendra de la qualité de l'ordre qu'il falloit exécuter, du péril s'il y en avoit, de la nature de l'événement qui a causé la perte, de la liaison de cet événement à l'ordre qu'on exécutoit, du rapport de la chose perdue ou du dommage souffert à l'affaire qui en a été l'*occasion*, de la qualité des personnes, de celle de la perte, de la nature et valeur des choses perdues, des causes de l'engagement entre celuy qui avoit donné l'ordre et celuy qui l'exécutoit, et des autres circonstances qui peuvent charger l'un ou l'autre de la perte, ou l'en décharger. Sur quoy il faut balancer la considération de l'équité, et les sentimens d'humanité que doit avoir celuy dont l'intérêt a été une cause ou une *occasion* de perte à un autre (1). »

L'art. 2000 Code Nap. a donné, avec juste raison, la préférence à l'opinion de Domat : aux termes de cet article, « le mandant doit indemniser le mandataire des pertes que celui-ci a essuyées *à l'occasion* de sa gestion, sans imprudence qui lui soit imputable. »

L'occasion doit donc être, aussi bien que la cause, prise en considération, toutes les fois qu'elle se rattache intimement à l'exécution du mandat, toutes les fois que le risque et le dommage sont inséparables de la gestion, et qu'il est certain que, sans sa mission, le mandataire n'aurait pas éprouvé de perte : *non fuisse se id damnum passurum si mandatum non suscepisset.*

Ce principe n'est pas seulement applicable au man-

---

(1) *Loix civiles*, liv. ɪ, tit. 15, sect. 2, n° 6,

dataire gratuit, mais encore au mandataire salarié, au préposé, et, par conséquent, au commis-voyageur (1).

C'est ainsi que, par arrêt du Parlement de Paris du 1er février 1578, François Simon, institeur de Jacques Bigot, ayant été détroussé par des voleurs, fut non seulement déchargé des sommes appartenant au mandant qui lui avaient été volées, mais encore indemnisé par Jacques Bigot des pertes personnelles que ce vol lui avait occasionnées (2).

De même, Isaac Guibert neveu, voyageant pour le compte de Guillaume Guibert, son oncle, fut capturé en mer par des pirates barbaresques. Ses parents le rachetèrent moyennant une somme de 1,200 livres. Guillaume Guibert fut condamné, par arrêt du même Parlement, en date du 16 février 1605, à rembourser cette somme (3).

Un commis-voyageur, faisant sa tournée, est victime d'un accident de chemin de fer, d'un choc de

---

(1) Le Code de commerce espagnol, art. 202, porte : « Si par l'effet immédiat et direct du service que fait un commis de commerce, celui-ci fait quelques frais ou pertes extraordinaires, et qu'il ne soit pas intervenu quelque convention expresse entre lui et son chef à son égard, le chef est tenu de l'indemniser. » (Trad. de M. Victor Foucher, p. 77.)

(2) Charondas, *Pand.*, liv. ii, ch. du *Mandat*, et *Réponses*, liv. vii ch. 186 ; M. Troplong, *Mandat*, n° 666, 671.

(3) Peleus, *Quest. illustr.*, Q. 137; M. Troplong, *Mandat*, n° 666.

wagons, par suite duquel il a le bras cassé : son patron lui doit une indemnité. Cet accident ne lui serait pas arrivé, s'il ne s'était pas chargé de sa mission.

Mais si, en voyageant pour le compte de son préposant, il se trouve pris, dans une ville, d'une maladie qui le retient au lit pendant plusieurs mois, et lui fait éprouver de grandes pertes, il ne pourra pas demander à être indemnisé. Rien ne prouve que cette maladie soit une conséquence nécessaire, une suite inséparable de l'exécution de son mandat.

On ne donnerait une autre décision qu'autant qu'il serait établi que la maladie dont il a été atteint était épidémique dans la ville où il s'est arrêté pour traiter les affaires du patron.

Ajoutons que les tribunaux peuvent, d'après les faits et circonstances de la cause, et en ayant égard au salaire alloué au commis, reconnaître que le préposant ne devait pas, dans l'intention des parties contractantes, être chargé des pertes essuyées par le préposé.

87. — Nous terminerons les explications de ce paragraphe en nous demandant par quel temps se prescrivent les actions du commis-voyageur contre son patron.

Il faut distinguer entre les diverses créances que le commis peut avoir contre lui.

88. — Et d'abord, par quel laps de temps l'action en paiement de son traitement se prescrit-elle?

Il y a des auteurs qui pensent que cette action est soumise à la prescription d'un an, conformément à l'art. 2272 Code Nap., qui donne le droit d'opposer cette prescription à l'action des domestiques qui se louent à l'année (1).

D'autres font la distinction suivante : Si l'engagement a eu lieu à l'année, l'action se prescrit par un an, suivant l'art. 2272 Code Nap. (2). Si le commis a engagé ses services au mois, c'est la prescription de six mois qui peut être invoquée, aux termes de l'art. 2271, § 3, Code Nap.

C'est ainsi que la cour de Metz, par arrêt du 4 mai 1820, a décidé que le traitement du commis principal d'une maison de commerce, qui était fixé à 300 fr. par mois, était prescriptible par six mois (3).

La décision qui admet la prescription d'un an, dans le cas d'engagement à l'année, n'est que la conséquence de l'opinion qui range les commis dans la catégorie des domestiques.

Quant à celle qui, dans le cas d'engagement au

----

(1) M. Curasson, *Traité de la compét. des juges de paix*, sur l'art. 5 de la loi du 25 mai 1838, part. 3, n° 6.

(2) *Rép. gén. du Journal du Palais*, v° Commis., n° 29.

(3) Dev., vi, 2, 256.

mois, soumet l'action à la prescription de six mois, elle repose sur les considérations suivantes :

Les mots *gens de travail* de l'art. 2271, troisième alinéa, Code Nap., ont, dit-on, un sens assez large pour comprendre aussi bien les commis que ceux qui se livrent à des travaux manuels, plus matériels et plus pénibles. Si on ne le décide pas de la sorte, on ne peut que recourir à l'art. 2277 Code Nap.; qui admet la prescription de cinq ans généralement pour tout ce qui est payable par année ou *à des termes périodiques plus courts;* solution peu rationnelle, car la loi n'a pas dû vouloir être plus favorable à des commis ou préposés qu'aux médecins, dont l'action se prescrit par un an (1), ou aux avoués, dont l'action se prescrit par deux ans (2).

Malgré ces considérations, nous pensons que les appointements du commis-voyageur ne sont prescriptibles, comme ceux des autres commis, que par le laps de cinq ans, conformément à l'art. 2277 Code Nap.

Par le mot *domestiques,* l'art. 2272 n'entend parler que des serviteurs à gages qui se louent pour rendre au maître les services les plus humbles, ainsi que nous l'avons suffisamment expliqué (3).

----

(1) *Voy.* art. 2272 C. N.
(2) *Voy.* art. 2273 C. N.
(3) *Voy. supra,* n° 12.

Quant au troisième alinéa de l'art. 2271, il ne comprend, sous les expressions *gens de travail,* que les hommes de peine dont le travail est purement manuel et matériel. Les fonctions du commis-voyageur sont d'un ordre plus relevé : elles constituent réellement une profession. Faute de pouvoir assujettir son action à la prescription des deux articles précités, on ne peut que lui appliquer la disposition de l'art. 2277, qui soumet à celle de cinq ans tout ce qui est payable par année ou à des termes périodiques plus courts (1).

89. — Si le commis-voyageur était convenu avec son patron de lui laisser chaque année ses appointements, pour être capitalisés, et produire des intérêts se capitalisant eux-mêmes au bout d'un an, cette convention soustrairait à la prescription de cinq ans, soit les appointements, soit les intérêts capitalisés (2).

90. — S'il s'agissait, non plus d'appointements fixes, mais de commissions ou remises proportionnelles allouées au commis sur chaque opération par lui faite, son action ne serait point prescriptible par

---

(1) En ce sens, MM. Troplong, *Prescription,* n°s 958, 975 ; Zachariæ, vol. V, § 774, p. 821, 2ᵉ édit. — *Voy.* Req., 10 août 1859 ; D., P., 59, 1, 441.

(2) Req., 10 août 1859 précité. — Cette convention pourrait être prouvée à l'aide des livres du patron, des usages constants de sa maison et de tous autres documents ou présomptions graves, précises et concordantes. (Même arrêt).

cinq ans. Ces commissions ou remises ne peuvent rentrer dans la disposition de l'art. 2277. Elles sont promises sur chaque négociation effectuée. Elles ne peuvent être comprises parmi les sommes payables par
année ou à des termes périodiques plus courts. La
prescription de trente ans leur serait donc seule applicable (1).

91. — La créance que le commis-voyageur peut
avoir contre son préposant pour les avances qu'il a
faites dans l'intérêt de sa gestion n'est pas non plus
soumise à la même prescription que ses appointements. L'action que le commis peut intenter pour
être remboursé de ces avances dure trente ans (2).

92. — Nous en dirons autant de l'action en indemnité, que le commis peut former contre son patron à
raison des pertes dont sa gestion a été la cause ou
l'occasion.

----

(1) Art. 2262 C. N.
(2) Art. 2262 C. N.

CHAPITRE III.

Des rapports entre le préposant, ou le commis-voyageur, et les tiers.

93. — Nous exposerons, dans un premier paragraphe, les obligations et les droits du préposant vis-à-vis des tiers avec lesquels le commis-voyageur a traité, et, dans un second, les obligations du commis envers ceux-ci.

§ I.

Obligations et droits du préposant vis-à-vis des tiers.

SOMMAIRE.

94. — En thèse, c'est le patron seul qui est obligé par les traités du commis-voyageur.
95 .— Le commis-voyageur a-t-il le pouvoir de consommer définitivement les marchés, sans un pouvoir exprès à cet effet? Exposé des deux systèmes ab-

solus consacrés par des arrêts. Dissentiment; examen de la question et de la jurisprudence. — Résumé.

96. — Suite : observation sur les précautions que les tiers doivent prendre quand ils traitent.

97. — *Quid* lorsque le commis accrédité par son patron, et ayant les pouvoirs nécessaires pour terminer les marchés, les conclut dans les limites des usages du commerce ?

98. — L'achat de marchandises effectué par un commis-voyageur ayant les pouvoirs nécessaires pour conclure, n'est-il parfait qu'après la dégustation par le préposant, s'il s'agit de choses que l'on est dans l'usage de goûter? Négative.

99. — *Quid* en cas de vente au-dessous du prix fixé par la procuration ?

100. — À quelle condition le commis-voyageur peut-il, sans un pouvoir exprès, engager son préposant ?

101. — Suite : *Quid* du règlement de compte ?

102. — Suite : *Quid* des emprunts ?

103. — Suite : *Quid* des effets de commerce par lui souscrits ?

104. — Suite : *Quid* de l'assurance des marchandises par lui vendues ?

105. — Le commis-voyageur chargé de vendre les marchandises a-t-il le pouvoir d'en recevoir le prix ? Opinions diverses de MM. Pardessus, Delamarre et Lepoitvin, Toullier, Duranton et Troplong; dissentiment; solution.

106. — La responsabilité du préposant s'étend-elle aux actes passés par celui que le commis s'est substitué dans sa gestion? *Quid* si la substitution était autorisée? *Quid* si elle ne l'était pas?

107. — Des effets de la ratification expresse ou tacite du préposant à l'égard des tiers.

108. — *Quid* si le commis-voyageur est incapable ?

109. — Les préposants sont-ils civilement responsables des délits ou quasi-délits commis par leurs voyageurs dans l'exercice de leurs fonctions? Affirmative.

110. — *Quid* si le commis a traité en son propre nom? Renvoi.

111. — Les tiers ont-ils, dans le cas qui précède, une action directe contre le préposant? Doctrine de Pothier; opinion de MM. Delamarre et Lepoitvin; dissentiment; solution.

112. — Le préposant peut-il, dans le même cas, poursuivre directement contre les tiers l'exécution de la convention?

113. — Quand le commis dûment autorisé s'est substitué un tiers, le préposant peut-il agir directement contre le substitué?

94. — En règle générale, le commis-voyageur figure, dans les négociations, sous le nom de son préposant, et ne contracte personnellement aucun engagement vis-à-vis des tiers avec lesquels il traite. C'est donc, en thèse, le patron qui seul est obligé, comme s'il avait comparu personnellement dans l'opération; qui seul doit répondre aux tiers, lorsqu'ils veulent faire valoir les droits que le commis leur a conférés en vertu de sa procuration.

Mais pour qu'il en soit ainsi, il faut que ce préposé ait agi dans les limites de ses pouvoirs; autrement, il n'a pas représenté son préposant.

95. — Si ce dernier a muni le commis-voyageur d'une procuration, dans laquelle sont clairement indiquées les conditions et l'étendue du mandat qui lui est con-

fié, il est facile de décider s'il en a ou non excédé les limites, et si le patron est lié ou ne l'est pas.

Mais souvent il arrive qu'aucune procuration n'est produite, et alors s'élève la question de savoir quels sont, à l'égard du préposant, les effets des engagements pris vis-à-vis des tiers par son préposé.

La jurisprudence est encore assez indécise sur ce point :

Il y a des arrêts qui posent en thèse que le commis-voyageur n'a pas le pouvoir de consommer définitivement, de conclure les marchés, s'il n'est pas muni de pouvoirs spéciaux à cet effet ; que les commissions qui lui sont données, et qu'il a acceptées au nom de sa maison, ne doivent être réputées que de simples commandes, ou propositions d'achat ou de vente, s'il n'a pas un pouvoir exprès de lier définitivement la maison qui l'emploie (1).

D'autres arrêts décident, au contraire, que le commis-voyageur a, comme représentant, comme mandataire de la maison pour laquelle il voyage, le pouvoir de conclure les marchés, et qu'il a ce pouvoir, lorsque sa mission n'est pas restreinte au seul droit de

____

(1) Bordeaux, 4 avril 1842; Dev., 48, 2, 362 ; 8 avril 1845 ; Dev., 48, 2, 361; Montpellier, 24 décembre 1841 ; Dev. 42, 2, 145 ; 21 décembre 1826.

faire des propositions et de recevoir des ordres ; que les marchés qu'il fait sont réciproquement obligatoires et pour l'acheteur et pour le préposant, à moins d'une réserve expresse d'approbation ultérieure de la part de celui-ci (1).

M. Pardessus paraît avoir d'abord adopté cette seconde opinion ; car nous lisons ce qui suit dans ses *Éléments de Jurisprudence commerciale* : «Les facteurs, commis et autres semblables obligent ainsi leurs maîtres par le fait seul qu'ils sont préposés ; l'étendue et la durée de cette faculté sont déterminées, lorsque le maître ne s'en est point expliqué, ou ne manifeste point un changement de volonté, soit par le genre de leurs occupations habituelles, soit par ce que leur maître a coutume de confier à leurs semblables, soit par la loi elle-même dans certains cas particuliers. Ainsi... *le commis-voyageur est présumé autorisé à vendre, à acheter... (2).*

Mais nous trouvons cette dernière proposition modifiée dans le *Cours de droit commercial* du même auteur : «Le commis-voyageur, annoncé avec cette qualité, ou muni de documents qui la lui attribuent,

-----

(1) Paris, 2 janvier 1828 ; Bruxelles, 22 février 1834; Dalloz, *Rép.*, v° Mandat, n° 139, p. 675, note 3 ; Rouen, 12 mars 1847; D., *P.*, 49, 2, 36; Limoges, 22 janvier 1848; D., *P.*, 49, 2, 37.

(2) P. 78.

a le droit de vendre, d'acheter, ou de recevoir des commissions, selon le genre des opérations du commerce dont il est l'agent ; et *c'est d'après les termes de la convention, ou les circonstances, qu'on jugerait l'effet que l'engagement pris par lui doit avoir à l'égard de la maison qui l'emploie* (1). »

Ainsi, le savant professeur semble ne plus poser dans son *Cours* une règle aussi absolue que dans ses *Éléments*. Les juges pourront, d'après les circonstances, apprécier l'effet de l'engagement à l'égard du patron. M. Pardessus modifia sans doute sa doctrine sous l'influence de l'arrêt de la Cour de cassation du 19 décembre 1821, qu'il cite, et dont nous allons bientôt parler.

A l'appui du premier et du second système, on invoque les usages du commerce, que l'on prétend être plus ou moins constants (2). *Consuetudo modò est alba, modò nigra....*

La seconde opinion invoque aussi la célérité toujours si nécessaire dans les opérations commerciales. On ajoute que l'autre système, en décidant que le commis-voyageur n'oblige pas son patron, et lie ce-

---

(1) Vol. II, n° 561, p. 477, 5ᵉ édit.

(2) *Voy.* Montpellier, 24 décembre 1841 ; Dev., 42, 2, 145 ; Douai, 29 août 1844 ; D., P., 46, 2, 19.

pendant l'acheteur, crée une condition potestative prohibée par la loi, et une condition léonine en faveur du préposant, qui serait libre, en cas d'augmentation ou de baisse du prix de la marchandise, d'exécuter le marché, ou de se refuser à l'exécution (1).

Ces deux opinions nous paraissent l'une et l'autre trop absolues.

Sans doute, en thèse, c'est aux tiers qui ont traité avec un préposé, et qui allèguent un mandat, à le prouver et à en établir l'étendue. Mais l'étendue des pouvoirs du mandataire peut résulter des faits et circonstances. Or, c'est en appréciant ces faits et circonstances que le tribunal, quand la procuration ne sera pas représentée, jugera la portée, l'effet obligatoire des actes du commis-voyageur à l'égard de son patron (2). Il pourra, d'après cette appréciation, décider que le commis-voyageur n'avait que le mandat de recevoir les commissions et de les transmettre à la maison qui l'emploie, et sa décision sera à l'abri de toute censure.

Ainsi, le 13 décembre 1818, le sieur Tourret aîné, voyageur de la maison Hippolyte Tourret de Cette, se présenta chez le sieur Jaudas, négociant de Saint-

------

(1) Limoges, 22 janvier 1848 précité.
(2) *Voy.* Nancy, 16 janvier 1836, cité par M. Dalloz, *Rép.* v° Mandat, n° 140, p. 676, note 1.

Valery. Il reçut de lui la commande de diverses pièces de vin. On convint : 1° que le remboursement de ces vins serait pris sur la maison Jaudas, à la remise de la facture et du connaissement, à six mois de date; 2° que les vins seraient expédiés par la maison Tourret à Jaudas par la première occasion de navire à Cette, pour le port de Saint-Valery-sur-Somme. Tourret inscrivit ces conventions sur son carnet, les signa et en laissa un double à Jaudas.

Le 3 janvier 1819, l'envoi des vins ayant éprouvé des retards, Jaudas écrivit qu'il contremandait l'ordre qu'il avait donné le 13 décembre 1818.

Le 6 février de la même année, c'est-à-dire plus d'un mois après la lettre de Jaudas, la maison Tourret expédia les vins, qui furent chargés sur un navire, avec facture, connaissement et traite. Jaudas les refusa et les renvoya à Tourret. Sur le refus de Jaudas d'accepter les facture, connaissement et traite, Tourret le fit assigner devant le tribunal de commerce de Cette pour le faire condamner à accepter la traite.

La cour de Montpellier, devant laquelle l'appel du jugement de première instance avait été porté, déclara qu'il y avait eu commission d'acheter, et non pas vente. Elle exposait bien, dans l'un des considérants de son arrêt, qu'à défaut de pouvoir et d'une procuration spéciale qui les autorise à conclure définitivement tout marché pour le compte de leurs préposants, les commis-voyageurs n'avaient d'autre mandat que de recevoir des ordres qui ne formaient un véritable contrat que par l'acceptation des premiers. Mais il résultait d'autres considérants que sa décision avait pour base le principe que c'est d'après les pouvoirs exprès et présumés dans un commis-voyageur, et d'après les circonstances, qu'on peut reconnaître si ce commis a contracté, au nom de la maison qui l'emploie, des ventes ou achats, ou bien s'il a simplement reçu des ordres en commission pour les transmettre à cette maison. C'est par ce motif que la Chambre des requêtes, à laquelle l'arrêt de la cour de Montpellier fut déféré, rejeta le pourvoi (1).

Il arrivera, d'autres fois, que le commis-voyageur aura le mandat de vendre, d'acheter, et que les marchés qu'il aura conclus lieront irrévocablement la maison qu'il représente.

Si, par exemple, il était constant que ce préposé agissait dans le commerce comme commis-voyageur de la maison pour laquelle il a traité; si des marchés antérieurs faits soit au profit de ceux qui contestent, soit avec d'autres personnes, prouvaient que cette maison était dans l'usage de vendre par l'intermédiaire

-----

(1) Req., 19 décembre 1821.

de ce commis, de terminer les marchés, ce qu'il aurait fait dans le cercle des opérations du commerçant dont il est l'agent pourrait être considéré comme définitivement conclu, aussi bien à l'égard de son préposant qu'à l'égard des tiers qui auraient traité avec lui.

Guyard, voyageant pour la maison Marais de Montpellier, vend, par acte fait double, des vins à Vinais, négociant à Angers. Vinais demande livraison. Marais déclare qu'il n'accepte pas le marché; que son commis a pu recevoir des demandes, mais non l'obliger. Marais est condamné. Arrêt de la cour d'Angers qui confirme en ces termes : « Attendu que le commis Guyard voyageait au nom de la maison Marais; qu'un marché fait antérieurement au profit de Vinais, et exécuté, prouve que cette maison était dans l'usage de vendre par l'intermédiaire de ses commis-voyageurs; qu'il résulte de toutes les circonstances de la cause que le commis Guyard avait des pouvoirs suffisants pour engager sa maison; que le traité consenti par lui à Vinais a été fait pour un prix déterminé, et présente tous les caractères du contrat de vente (1). »

De même, si le commis-voyageur est porteur d'imprimés à lui remis par la maison qu'il représente, et

____

(1) 12 août 1825.

que, dans leurs énonciations, ces imprimés portent que ce préposé a le pouvoir de conclure des ventes, les tribunaux pourront s'appuyer sur ce fait pour reconnaître l'existence de ce pouvoir.

Le sieur Fargens, commis-voyageur de la maison Perrier et Tessier de Bordeaux, était porteur de cartes présentant sur une de leurs faces l'adresse de MM. Perrier et Tessier frères, *représentés par M. Thery-Fargens*. Sur l'autre face se trouvait imprimé : *Note de marchandises* VENDUES *à.., par MM. Perrier et Tessier, entremise de M. Fargens, leur représentant*.

Fargens reçoit des sieurs Lessens plusieurs commandes de vins pour la maison Perrier. Le marché est inscrit par Fargens sur le revers de l'une de ses cartes, qu'il remet aux sieurs Lessens. Perrier et Tessier ayant refusé d'agréer le marché, les sieurs Lessens les assignent devant le tribunal de commerce de Lille pour les faire condamner à l'exécuter. Les défendeurs, pour repousser cette demande, argumentent de ce qu'aux termes des art. 1998 et 1999 Code civ., le mandant n'est nullement tenu des obligations contractées par le mandataire au-delà de son mandat ; or, disent-ils, en thèse générale, le commis-voyageur n'est pas réputé avoir mandat de vendre, mais seulement de transmettre des ordres qui n'engendrent d'obligations réciproques que par la ratification du préposant ; et, dans l'espèce, Fargens n'avait en réalité qu'une mission étroite et limitée, qui ne lui permettait pas d'obliger ses commettants sans leur adhésion.

Le tribunal de commerce de Lille (1), et la Cour de Douai (2) rejètent cette défense, en s'appuyant notamment sur ce que le commis-voyageur était porteur de cartes imprimées annonçant qu'il représentait la maison Perrier et Tessier, avec les annotations dont nous avons parlé plus haut, et dont les expressions énonçaient des ventes à conclure définitivement.

Il est vrai que le jugement du tribunal et l'arrêt de la Cour exposent, dans un de leurs considérants : « Qu'il est d'usage que les commis-voyageurs représentant des maisons de commerce ont pouvoir de vendre définitivement et sans qu'il soit besoin d'une ratification expresse de leur commettant; que si cet usage n'est pas absolument universel, il est cependant assez généralement observé pour qu'il soit vrai de dire que le pouvoir de vendre définitivement est la règle, et la nécessité d'une ratification l'exception. »

En présence du point de fait constaté par le jugement de première instance, et par l'arrêt de la Cour, on aurait certainement pu se dispenser d'insérer ce

____

(1) 14 mai 1844.
(2) 29 août 1844 ; D., P., 46, 2, 19.

dernier considérant, d'autant mieux qu'un usage qui n'est pas universellement observé ne peut être invoqué comme une règle générale.

Enfin, d'un autre côté, les tribunaux peuvent se baser sur les énonciations des catalogues remis par une maison de librairie à son voyageur, pour décider que ce dernier, en traitant, a excédé ses pouvoirs, et que, par suite, le préposant peut se refuser à l'exécution de la convention (1).

En résumé, lorsque la qualité du commis-voyageur comme représentant une maison de commerce sera avouée ou constatée, l'étendue de son mandat et les conséquences de ses actes, si aucune procuration n'est représentée, devront s'apprécier soit d'après l'usage suivi par le préposant, soit d'après les faits et les circonstances. En un mot, c'est là une question qui rentre dans le pouvoir discrétionnaire des tribunaux.

96. — On voit, par ce qui précède, combien il importe à ceux qui concluent un marché avec un commis-voyageur, de ne pas se contenter de la représentation d'une procuration sous signature privée, ou d'une lettre qui ne leur serait pas laissée entre les mains. En cas de dénégation, ils s'exposent à voir

____

(1) Nancy, 16 janvier 1836, cité par M. Dalloz, *Rép.* v° Mandat, n° 140, p. 676, note 1.

leurs conventions déclarées nulles par les tribunaux, qui, dans l'appréciation des faits, peuvent se tromper, et méconnaître l'existence d'un pouvoir qui cepen·dant aurait pu être effectivement donné au commis par le préposant. Il sera plus prudent de se faire re·présenter l'expédition d'une procuration notariée, dont la minute sera toujours facile à retrouver lors·qu'on aura eu le soin de prendre en note la date de l'acte et le nom du notaire rédacteur.

97. — Du reste, quand le commis–voyageur accré·dité par un négociant, et ayant les pouvoirs néces·saires pour terminer les marchés, les conclut dans la limite des usages du commerce, son préposant est obligé, et ne peut se refuser à l'exécution de la convention. Si, par exemple, le commis a vendu à terme à une personne solvable, le préposant ne peut pas refuser d'expédier les marchandises, en déclarant qu'il ne veut exécuter le marché qu'au comptant, et sans escompte, ou à la charge de donner caution (1).

98. — L'achat de marchandises, effectué par un commis·voyageur ayant les pouvoirs nécessaires pour terminer les marchés, n'est·il parfait qu'après la dé·gustation, s'il s'agit de choses que l'on est dans l'u-

---

(1) Paris, 8 novembre 1836, cité par M. Dalloz, *Rép.* v° Mandat, n° 139, p. 675, note 2.

sage de goûter (1); et le préposant peut-il se refuser à l'exécution de l'engagement pris par son commis, tant qu'il n'a pas dégusté lui-même? Non, la vente est parfaite indépendamment de la dégustation, si l'achat constitue un acte de commerce. Quand même on n'admettrait point cette doctrine, la négative devrait encore être adoptée : la disposition de l'art. 1587 C. Nap. n'est applicable que lorsque tout se passe entre le vendeur et l'acheteur, tandis que, dans notre espèce, il y a un mandataire chargé de goûter la marchandise, et de conclure le marché. Le préposant doit être tenu d'exécuter les engagements qu'il a pris (2).

99. — Nous avons vu (3) que le commis-voyageur doit vendre au prix fixé par sa procuration, et que le préposant ne serait pas lié vis-à-vis des tiers par la vente que son préposé aurait consentie à un prix inférieur.

Toutefois, les tribunaux peuvent, d'après les circonstances de la cause, décider que le commis avait le droit de consentir des marchés au-dessous des prix courants de la maison, dont il était porteur, et, par suite, condamner le préposant à des dommages-inté-

---

(1) Art. 1587 C. N.
(2) Art. 1998 C. N. — *Voy.* Req., 27 février 1811.
(3) *Supra*, n° 41.

rêts en cas d'inexécution. Cette décision a été donnée dans un cas où la différence était de faible valeur eu égard à l'importance de l'opération (1).

100. — Ce n'est que lorsque le commis-voyageur contracte dans les limites de l'objet pour lequel il est avoué qu'on le fait voyager, qu'il peut, comme nous l'avons expliqué, sans un pouvoir exprès résultant d'un acte formel ou de la correspondance, engager son préposant.

101. — Mais il n'aurait pas, sans ce pouvoir, qualité pour consentir un règlement de compte.

102. — Il ne pourrait pas, sans une autorisation écrite et spéciale, faire des emprunts pour solder les achats dont il serait chargé.

103. — Il ne serait pas non plus autorisé, sans un pouvoir écrit et spécial, à tirer, accepter, endosser des lettres de change, ou à souscrire d'autres effets de commerce, pour solder ces achats.

104. — Il nous paraît aussi difficile d'admettre que le commis-voyageur, qui aurait qualité pour conclure définitivement la vente des marchandises, ait le pouvoir de consentir à l'assurance qui en serait exigée

____

(1) Paris, 20 janvier 1846, et Req., 4 janvier 1847; D., *P.*, 47, 1, 79.

par l'acheteur (1). L'opinion contraire a cependant été consacrée par la Cour de Bordeaux (2).

105. — Le commis-voyageur chargé de vendre les marchandises de son patron, a-t-il le pouvoir d'en recevoir le prix? On sait que c'est une ancienne et célèbre question que celle de savoir si, en général, le pouvoir de vendre renferme tacitement celui de recevoir le prix de la vente.

Barthole se prononçait pour l'affirmative, qui était aussi professée par Fachin. Wissembach adoptait l'opinion contraire, et décidait que le pouvoir de vendre ne renfermait pas celui de recevoir le prix, à moins qu'il n'y eût des circonstances qui donnassent lieu de le présumer.

Cette dernière opinion fut embrassée par Pothier, qui invoquait à l'appui de sa thèse la loi 1, § 12, D., *De exerc. act.*, et ajoutait : « Au reste, il peut se trouver des circonstances, dans lesquelles celui qui a pouvoir de vendre est présumé avoir le pouvoir de recevoir le prix. Par exemple, s'il y avait dans une ville certains revendeurs publics, qui fussent dans l'usage de porter par les maisons les choses qu'on veut vendre, et d'en recevoir le prix des acheteurs, en

---

(1) *Voy.* art. 1989 C. N.
(2) 23 novembre 1830.

remettant à une de ces personnes une chose pour la porter vendre, je suis censé lui avoir aussi donné pouvoir d'en toucher le prix (1). »

Plusieurs auteurs modernes, qui ont examiné la question, décident que le pouvoir de vendre, non pas des immeubles, mais des objets mobiliers, donne implicitement le pouvoir d'en recevoir le prix. Telle est l'opinion de MM. Pardessus, Delamarre et Lepoitvin (2).

Toullier distingue si le pouvoir de vendre porte celui de donner un terme pour le paiement, ou s'il ne renferme point celui de faire crédit ou de donner un terme. Dans le premier cas, il refuse au mandataire le pouvoir de recevoir ; car, dit-il, vendre et recevoir le prix de la vente sont deux actes séparés qui doivent être faits dans des temps différents. Mais il accorde au mandataire le pouvoir de toucher le prix dans le second cas, parce qu'alors le mandataire est obligé de vendre *argent comptant* (3).

M. Duranton critique ces propositions : « Suivant M. Toullier, dit-il, le mandataire aurait pouvoir de recevoir le prix de la vente qui serait faite au comptant,

---

(1) *Obligations*, n° 477.
(2) MM. Pardessus, n° 557 ; Delamarre et Lepoitvin, *Contrat de commission*, vol. 2, n° 110.
(3) Vol. VII, n° 23.

tandis que cet auteur décide le contraire lorsque le mandat porte simplement le pouvoir de vendre à terme. Il confond ainsi mal à propos le pouvoir de donner un terme avec le pouvoir de ne vendre qu'à crédit, ce qui est bien différent. Aussi, dans le cas où il s'agirait du mandat de vendre des choses mobilières, l'on ne devrait admettre sa décision qu'autant que le pouvoir porterait positivement que le mandataire devra vendre à tel ou tel terme, ou aux termes d'usage; alors, on pourrait dire avec cet auteur qu'il y a deux actes, et que le mandataire n'a reçu le pouvoir que de faire la vente seulement, s'il n'y avait, d'ailleurs, rien de plus dans le mandat. Mais si le mandat ne dit pas que le mandataire devra vendre à terme, et qu'il s'agisse de choses mobilières, on ne voit pas pourquoi il ne pourrait recevoir le prix de la vente, quand bien même il aurait accordé terme à l'acheteur; car, puisqu'il eût pu recevoir lors de la vente, en vendant au comptant, son pouvoir à l'effet de recevoir plus tard s'est continué tant qu'il n'a pas été révoqué (1). »

Enfin, M. Troplong se borne à dire que « la commission de vendre des objets mobiliers donne implicitement commission de recevoir, surtout si le paiement se fait comptant (2). »

______

(1) Vol. XII, n° 51.
(2) *Mandat*, n° 319.

On le voit, lorsqu'il s'agit de la vente de choses mobilières, MM. Pardessus, Delamarre et Lepoitvin accordent au mandataire chargé de vendre le pouvoir de recevoir le prix, sans distinguer si la vente doit se faire ou non au comptant. De son côté, M. Duranton permet au mandataire de toucher, lorsque la procuration porte pouvoir de vendre au comptant, ou même lorsqu'il vend au comptant, si la procuration ne porte pas qu'il doit vendre à terme, et il ne lui refuse le droit de recevoir le prix que lorsqu'il est dit dans la procuration qu'il devra vendre à un terme fixé, ou aux termes d'usage. Par la manière quelque peu laconique dont M. Troplong formule son opinion, il semble reconnaître que, lors même que la vente doit, d'après le mandat, se faire à terme, le juge peut décider que le mandataire a le droit de toucher le prix, ce qui serait conforme à l'opinion de MM. Pardessus, Delamarre et Lepoitvin.

S'il nous est permis d'exprimer notre sentiment après de si graves autorités, nous dirons d'abord que le mandataire n'a certainement pas le pouvoir de recevoir, lorsqu'il doit, conformément à la procuration, vendre à terme même des choses mobilières, car il y a évidemment deux actes séparés, et il n'a reçu que le pouvoir de vendre.

En outre, nous ne lui accordons le droit de toucher,

quand même il vend au comptant, — soit que la procuration porte le pouvoir de vendre ainsi, soit qu'elle ne lui prescrive pas de vendre à terme, — que lorsqu'il a été mis en possession de la chose par le mandant, et qu'il est chargé d'en faire la délivrance. C'est seulement dans ce cas que le propriétaire de cette chose doit être présumé, par suite de la remise qu'il lui a faite, avoir eu assez de confiance en lui pour lui permettre d'en recevoir le prix de l'acheteur.

Après ces observations, il est plus facile de décider si le commis-voyageur a le pouvoir de toucher le prix des ventes qu'il fait au nom de sa maison.

Le plus souvent, ces ventes ne sont effectuées par ce préposé qu'aux termes fixés par la procuration, ou par les usages du commerce, et tout se règle ensuite entre l'acheteur et le préposant.

Quand même le commis aurait vendu au comptant, et que sa procuration ne lui imposerait pas l'obligation de vendre à terme, nous ne pensons pas qu'il ait qualité pour recevoir : sa mission se borne à traiter, et à donner avis à son patron des négociations qu'il a conclues. Il est ordinairement porteur d'échantillons, de prix-courants, de catalogues ; mais il n'est point en possession de la marchandise qu'il vend, et qui est expédiée par le préposant.

Cependant, s'il était, au moment de la vente, nanti

de la marchandise ainsi vendue au comptant, ou bien, si elle lui était envoyée, après la vente, par le patron, avec ordre d'en faire la délivrance à l'acheteur, il pourrait en recevoir le prix. C'est seulement dans ce cas que le préposant, nous le répétons, doit être présumé avoir eu assez de confiance en son préposé pour lui accorder ce pouvoir.

106. — Quand le commis-voyageur s'est substitué un tiers dans sa gestion, la responsabilité du préposant s'étend-elle aux actes passés par le substitué?

Si le commis a été autorisé à se donner un remplaçant, soit expressément, soit même virtuellement, par exemple, lorsque l'affaire ne pouvait être différée sans qu'il en résultât un grave préjudice pour le patron, celui-ci est responsable des actes du substitué, et tenu des engagements que ce dernier a contractés.

Mais il en serait autrement, s'il n'existait aucune autorisation expresse ou virtuelle de substituer un tiers.

Telle était aussi, dans ce dernier cas, la règle du droit romain ; la loi 7, pr. D., lib. xiv, tit. iii, porte en effet : « *Sed et si quis meam rem gerens præposuerit, et ratum habuero, idem erit dicendum.* » Cette loi, en disant que le préposant n'est tenu des engagements de celui que le préposé s'est substitué, qu'autant qu'il les a ratifiés, décide bien par cela même qu'il n'est pas lié dans le cas contraire.

On peut objecter que le préposé romain n'opérait, le plus souvent, qu'en la présence et sous les yeux de son préposant, et que, dès-lors, l'engagement du substitué ne devait pas obliger le préposant envers des tiers qui étaient à même de se renseigner près de ce dernier, et de traiter avec lui, s'ils avaient quelque raison de craindre qu'il n'agréât pas le choix fait par son institeur. On ne peut en dire autant des tiers qui traitent avec celui que le commis-voyageur s'est substitué : les engagements, dans ce cas, se prennent loin du domicile du patron ; il peut avoir été difficile de s'adresser à lui.

Malgré ces considérations, nous persistons à décider que le préposant, lorsqu'il n'existe aucune autorisation ni expresse, ni virtuelle, n'est pas responsable des engagements de celui qui remplace son commis-voyageur.

Nous avons vu (1) qu'il y avait aussi à Rome des institeurs ou préposés ambulants ; et, cependant, la loi romaine, dont nous venons de rappeler les expressions, contient une disposition qui s'applique aussi bien à ces institeurs qu'au préposé sédentaire. Cette disposition est générale, et ne fait aucune distinction.

Les tribunaux n'auraient donc pas, selon nous, à

____

(1) *Supra*, n° 2.

examiner si les tiers avec lesquels le substitué a traité ont pu consulter le patron, si la bonne foi ne leur imposait pas l'obligation de s'adresser à lui. En un mot, ce n'est point là une question qui doit être décidée d'après les faits et les circonstances. Dès que le commis-voyageur n'avait pas le droit de transmettre ses pouvoirs à un tiers, l'engagement de ce dernier ne doit produire aucun effet par rapport au préposant.

107. — Nous savons que le patron n'est lié par les actes de son commis-voyageur que lorsque celui-ci agit dans les limites de ses pouvoirs, et que les tiers n'ont aucun recours personnel contre le patron, quand ces limites ont été excédées.

Toutefois, si le préposant a ratifié expressément le fait de son commis, la ratification équivaut à un mandat, non seulement à l'égard de ce préposé, comme nous l'avons expliqué (1), mais encore à l'égard des tiers avec lesquels il a traité.

La ratification peut aussi être tacite : ainsi, la vente faite par un commis-voyageur a été réputée ratifiée par le préposant, lorsque celui-ci avait gardé le silence pendant le temps nécessaire pour la connaître, c'est-à-dire l'approuver ou la désavouer (2).

---

(1) *Supra,* n° 55.
(2) Rouen, 3 juillet 1846 ; D., *P.,* 46, 2, 201.

La Cour d'Aix a jugé qu'une vente de marchandises à livrer faite par un commis-voyageur au nom de son patron, pour un prix déterminé, payable à terme, était obligatoire pour ce dernier, lorsqu'après avoir été avisé de cette vente et du nom de l'acheteur, il n'avait point manifesté à celui-ci son refus de ratifier, et s'était borné à prévenir son voyageur qu'il n'y donnait pas son adhésion (1). Si le patron ne voulait pas adhérer, c'était à l'acheteur, et non au commis, qu'il devait faire connaître sa volonté.

Du reste, on comprend que ces questions rentrent dans le pouvoir d'appréciation des tribunaux, qui doivent examiner et peser avec le plus grand soin les faits et les circonstances de chaque cause.

108. — Enfin, pour que les tiers puissent agir contre le préposant, il n'est pas nécessaire que le commis-voyageur ait été par lui-même capable de contracter (2). L'engagement pris, par exemple, par un mineur, auquel le préposant a donné les pouvoirs nécessaires, lie ce dernier, qui, par cela seul qu'il emploie le mineur comme préposé, lui reconnaît assez d'intelligence et de discernement pour s'acquitter de la mission qu'il lui confie.

____

(1) 3 mars 1830 ; *J. P.*, t. XXIII, p. 225.
(2) *Voy.* art. 1990 C. N.

Mais l'incaqable ne pouvant s'obliger que sous les conditions requises par la loi. Il en résulte qu'en l'absence de ces conditions, le patron n'a d'action contre lui que dans les limites indiquées par l'art. 1312 Code Nap. : *Quatenus locupletior factus est.*

109. — Les préposants ne sont pas seulement obligés par les contrats de leurs commis-voyageurs, ils sont encore responsables civilement des délits, des quasi-délits ou du dol commis par ces préposés dans l'exercice de leurs fonctions.

On a cependant prétendu que si le préposant répondait de son commis-voyageur, cette garantie devait s'arrêter à la limite de la procuration écrite qui lui a été donnée ; que, s'il en était autrement, et si le préposant était tenu de répondre du dol de ses commis, ceux-ci pourraient ruiner leurs patrons, qui n'auraient, malgré la vigilance la plus active, aucun moyen de s'y opposer. Mais la Chambre des requêtes n'a point accueilli ce système, manifestement contraire aux dispositions de l'art. 1384 Code Nap., qui dispose formellement que les commettants sont responsables du dommage causé par les préposés dans les fonctions auxquelles ils les ont employés (1).

______

(1) Req., 8 novembre 1843; D., *P.*, 44, 1, 8 ; Dev., 43, 1, 852; J. *P.*, 43, 2, 813.

Et notons bien que, d'après cette disposition, la présomption légale de faute est invincible à l'égard des commettants ou préposants, qui ne sont point admis, comme le sont les pères, mères, instituteurs et artisans, à prouver qu'ils n'ont pu empêcher le fait qui donne lieu à la responsabilité (1). Ils sont présumés être la cause au moins indirecte du dommage, par le choix qu'ils ont fait de préposés inhabiles ou de mauvaise foi.

110. — Dans les observations qui précèdent, nous avons supposé que le commis-voyageur avait agi au nom de son préposant, ce qui est le cas ordinaire; il n'est alors, pour ainsi dire, que l'organe de son patron. Sa personne disparaît entièrement, et c'est ce dernier qui seul est obligé vis-à-vis des tiers par suite des traités de son préposé.

Nous l'avons déjà dit plus haut, c'est aussi le préposant seul qui est investi contre les tiers de tous les droits et de toutes les actions résultant de ces négociations.

Mais il pourrait se faire que le commis-voyageur eût contracté en son propre nom. Nous dirons, dans le paragraphe suivant, quelle serait dans ce cas sa position.

---

(1) *Voy.* Pothier, *Oblig.*, n° 121 ; Cass., sect. crim., 25 novembre 1813 ; 11 juin 1836.

111. — Demandons-nous ici si le préposant est lié envers les tiers, lorsque son commis s'est ainsi obligé *proprio nomine*. Les tiers ont-ils une action directe contre lui?

Voici comment Pothier s'exprime au sujet des obligations du mandant, quand le mandataire a contracté en son propre et privé nom : « Lorsque c'est en son propre nom qu'il (le mandataire) a contracté, et non pas en sa seule qualité de *mandataire d'un tel*, *procureur* ou *fondé de procuration d'un tel*, c'est en ce cas le mandataire qui s'oblige envers ceux avec lesquels il a contracté ; c'est lui qui se rend leur débiteur principal ; mais il oblige conjointement avec lui son mandant, pour l'affaire duquel *il paraît que le contrat se fait*. Le mandant, en ce cas, est censé accéder à toutes les obligations que le mandataire contracte pour son affaire; et, de cette obligation accessoire du mandant naît une action qu'on appelle *utilis institoria*, qu'ont contre le mandant ceux avec lesquels le mandataire a contracté pour l'affaire du mandant (1). »

Quelques auteurs modernes posent comme règle fondamentale qu'alors même que le mandant est connu, et qu'il est notoire que l'opération se fait

____

(1) *Mandat*, ch. 3, sect. 2, n° 88.

pour son compte, le mandataire reste seul obligé, quand il contracte en son propre nom (1).

On invoque à l'appui de cette opinion la maxime : *personam contrahentium non egrediuntur contractus.* Dès que le contrat est fait au nom du mandataire, il doit, dans ce système, être réputé complétement étranger au mandant. Les tiers avec lesquels le mandataire a traité ne peuvent se prévaloir, pour être autorisés à agir directement contre le mandant, de ce qu'il était notoire que le mandataire agissait pour lui. Les termes formels de la convention mettent un obstacle à tout lien contractuel que l'on voudrait établir entre eux et ce dernier.

Pour notre compte, nous préférons le système qui, distinguant le cas où le mandant est ignoré des tiers, et celui où il est notoire que l'opération a été faite pour lui, par le mandataire agissant comme tel, refuse toute action aux tiers dans la première hypothèse, et leur accorde, au contraire, une action directe dans la seconde.

On oppose que, lors même qu'il était notoire que le contrat était fait pour le mandant, le mandataire, qui a agi en son propre nom, devient l'obligé direct

---

(1) MM. Delamarre et Lepoitvin, *Traité du Contrat de commission,* t. II, n⁰ˢ 267, 268, 269.

et personnel, par la raison que c'est sa foi seule qui a été suivie : mais, est-ce que sa qualité de mandataire ne peut pas résulter des faits et circonstances? Ne peut-il pas résulter de ces mêmes circonstances que, malgré les termes de la convention, c'est pour le mandant que l'opération a été faite; que c'est sa foi que les tiers ont eu l'intention de suivre? « Le mandataire n'oblige son mandant envers les tiers, dit M. Troplong, que lorsqu'il a pris la qualité de son mandataire. Mais, pour que cette qualité lui soit imprimée dans ses rapports avec les tiers, il n'est pas absolument nécessaire qu'elle ressorte des mots. Le judaïsme n'est pas plus de mise ici que dans la société. Le nom du mandant peut s'attacher à l'acte par des circonstances de fait, par une certaine publicité de position, que les tribunaux doivent apprécier avec équité (1). »

Ainsi, un commis-voyageur bien connu dans une contrée, où il voyage depuis plusieurs années, en qualité de préposé d'une maison, traite, avec un commerçant de cette contrée, de certains articles du commerce de son patron, mais sans avoir le soin de prendre la qualité de mandataire, et sans dire que c'est pour le compte de sa maison, au nom de la-

_____

(1) *Mandat,* n° 540.

quelle il a cependant l'habitude de traiter : celui avec lequel il a contracté aura le droit d'agir directement contre le patron (1).

Dans les principes du droit romain, l'action directe était aussi accordée contre le maître pour les faits du préposé, quoique ce dernier eût agi en son nom personnel (2). Pouvons-nous ne pas admettre, dans notre droit, une décision que l'équité du préteur avait introduite dans une législation si rigoureuse en matière de représentation ? Nous devons dire cependant que, suivant une opinion assez généralement adoptée, le créancier qui avait traité avec l'institeur romain avait le choix de diriger son action contre le maître ou contre le préposé. Mais Vinnius, qui s'occupe de la controverse existant sur ce point, rappelle que, dans la pratique de plusieurs pays, cette règle fut abandonnée, et que le maître seul put être poursuivi. Il cite à ce sujet les paroles d'un ancien auteur qui

---

(1) Aux termes de l'art. 178 du Code de commerce espagnol, lorsqu'un contrat est fait par le commis d'un établissement de commerce ou d'une fabrique appartenant notoirement à une personne ou à une société connue, il est censé fait pour le compte du propriétaire de l'établissement, *alors même que le commis ne l'aurait pas dit au temps de sa passation,* pourvu que ce contrat soit relatif à des objets compris dans le commerce de l'établissement. (Trad. de M. Victor Foucher, p. 69.

(2) L. 1, D., *De instit. act.*

disait : «*Factores, licet mille litteris se scribant debito-*
res, non propterea possunt conveniri, quod videntur scri-
bere factorio nomine (1).»

D'un autre côté, Voët, en parlant de cette ancienne
jurisprudence, qui ne permettait d'agir que contre le
préposant, mentionne parmi les exceptions à cette
règle le cas où le contrat a été formé avec une personne que l'on ignorait être un préposé : *quia tunc*
non alterius quam ejus, quocum contraxit, videri potest
fidem secutus (2). Ce motif est remarquable, car il vient
à l'appui de la distinction que nous avons faite, et
de la doctrine que nous avons adoptée.

112. — Le préposant peut-il, lorsque le commis-
voyageur a traité en son propre nom, poursuivre *di-*
rectement contre les tiers l'exécution de la convention?
Si le patron est ignoré des tiers, si le commis, par exemple, en faisant pour la première fois sa tournée,
contracte en son propre nom, sans faire connaître sa
qualité de représentant de la maison pour laquelle il
voyage, et sans énoncer qu'il traite pour le compte de
cette maison, aucune action directe ne peut être accordée à celle-ci contre le commerçant avec lequel le

---

(1) Instit., lib. IV, tit. vii, § 2, n° 2. *Voy.* aussi Voët, lib. XIV, tit.
iii, n° 6.
(2) *Loc. cit.*

préposé a fait la négociation. Elle pourra seulement intenter contre ce commerçant l'action indirecte de l'art. 1166 Code Nap., qui permet à tout créancier d'exercer les droits de son débiteur, sans qu'il soit nécessaire que ce dernier lui cède ses actions, ni même que les tribunaux prononcent la subrogation. Mais alors, le patron, n'agissant que du chef de son commis, aurait seulement, sur ce qui pourrait lui revenir, les mêmes droits que ses autres créanciers. En cas de déconfiture de celui-ci, il serait soumis au niveau du marc le franc. Il serait aussi repoussé par les exceptions résultant de paiement, de compensation, ou autres, que le tiers pourrait opposer au préposé.

Nous accorderions, au contraire, l'action directe au préposant, s'il avait été notoire que l'opération était faite pour son compte par le commis-voyageur agissant comme son représentant. Cette solution ne blesserait point, selon nous, les principes du droit, et serait conformes à ceux de l'équité.

Nous avons vu, dans le numéro précédent, que dans le but de favoriser le commerce, le préteur romain avait établi que les contrats des instituers, des individus préposés aux établissements commerciaux, obligeaient le préposant.

Le préposant n'avait pas d'abord d'action contre les tiers avec lesquels l'instituer avait contracté. Il pouvait seulement se faire céder par le préposé les actions qu'il avait contre eux (1).

Mais on lui permit ensuite d'intenter l'action directe contre les tiers, dans le cas où il courait le risque d'être en perte par suite de l'insolvabilité de son préposé, *veluti bonis ejus venditis* (2). La notoriété des fonctions de l'institeur était probablement un des motifs qui avaient fait introduire cette disposition équitable qui accordait au préposant l'action directe dans le cas où elle est le plus utile.

113. — Lorsque le commis-voyageur s'est substitué un tiers dans sa gestion, par suite d'une autorisation expresse ou virtuelle, le préposant peut agir contre le substitué directement, c'est-à-dire en son nom, et sans avoir besoin d'invoquer la disposition de l'art. 1166 du Code Napoléon.

Il a l'action directe, pour obtenir la réparation du préjudice causé par la faute que le substitué peut avoir commise (3), même quand le commis-voyageur a fait la substitution en son propre nom.

---

(1) L. 1, D., *De instit. act.*; l. 1, § 18, *De exercit. act.*
(2) *Voy.* L. 1 et 2; D., lib. XIV, tit. III; l. 5, D., lib. XLVI, tit. v.
(3) Art. 1994, 2e alin., C. N.

§ II.

Obligations du commis-voyageur envers les tiers.

SOMMAIRE.

114. — En thèse, le commis-voyageur ne contracte aucune obligation envers les tiers.

115. — *Quid* s'il n'a pas donné aux tiers connaissance de ses pouvoirs?

116. — *Quid* s'il leur a donné une suffisante connaissance de son mandat?

117. — C'est le tiers qui doit, en thèse, prouver que le commis ne lui a pas donné connaissance de son mandat.

118. — Dans quel cas le commis-voyageur qui traite en son propre nom est-il obligé envers les tiers?

119. — *Quid* s'il traitait tant en sa qualité de représentant du patron qu'en son propre nom?

120. — Les tiers ont-ils une action contre le commis, quand il s'est substitué quelqu'un dans sa gestion, en agissant au nom du préposant, et en vertu d'une autorisation? Négative.

114. — C'était une question assez controversée en droit romain que celle de savoir si les tiers qui avaient traité avec le préposé, homme libre, pouvaient agir contre lui. Nous avons vu que, d'après une opinion assez générale, le créancier avait, à son choix, le droit de diriger son action contre l'institeur ou contre le

préposant. Cette opinion, nous le savons, fut abandonnée dans l'ancienne pratique française, et dans
celle de plusieurs autres pays : les préposés ne purent
être poursuivis en vertu des contrats par eux passés
institorio nomine (1).

Domat résume en ces termes le dernier état de
notre ancienne jurisprudence : « Les préposez qui ne
traitent qu'en cette qualité, ne sont pas tenus en leurs
noms des engagements où ils entrent, pour le fait de
leurs commissions, et au nom des maîtres (2). »

Ce principe n'est point douteux dans notre droit
moderne. Un préposé, tel que le commis-voyageur,
qui traite en cette qualité et au nom de la maison
qu'il représente, ne contracte aucune obligation. Il
n'est point garant, à l'égard des tiers, des actes qu'il a
faits avec eux, et il ne peut en réclamer en son propre
nom l'exécution, car il n'est qu'un intermédiaire,
nudus minister (3). Le préposant est considéré comme
ayant agi personnellement.

115. — Toutefois, si le commis-voyageur n'a pas
donné aux tiers connaissance de ses pouvoirs, il est
responsable vis-à-vis d'eux de ce qui a été fait au delà

____

(1) *Voy. supra*, nº 111.
(2) *Loix civiles*, liv. I, tit. xvi, sect. 3, nº 8.
(3) Art. 1997 C. N.

de son mandat. L'équité le veut ainsi. Tel serait, par exemple, le cas où ce préposé aurait conclu définitivement le marché, alors qu'il avait seulement le mandat de recevoir des commandes et de les transmettre à son patron.

116. — Mais s'il a donné à celui avec lequel il traitait comme représentant d'une maison de commerce, une suffisante connaissance de son mandat, il n'est tenu d'aucune garantie pour ce qui en excède les limites, s'il ne s'y est personnellement soumis (1). Les tiers n'ont point été trompés, et ils doivent se reprocher d'avoir contracté avec une personne qui n'avait pas les pouvoirs nécessaires.

. 117. — En thèse générale, c'est à celui qui a traité avec le commis-voyageur à prouver que ce dernier ne lui a pas donné connaissance de son mandat. Dès que le tiers a traité avec lui en qualité de préposé de la maison de commerce pour laquelle il voyage, il y a présomption qu'il s'est fait représenter ses pouvoirs. Mais cette présomption pourrait disparaître devant des faits contraires, que les tribunaux ont le droit d'apprécier souverainement.

La question de savoir si un mandataire a donné ou non une connaissance suffisante de ses pouvoirs est

---

(1) Art. 1997 C. N.

une de ces questions de fait qui sont abandonnées à leur appréciation souveraine (1).

118. — Si, au lieu de traiter au nom et pour le compte de son patron, le commis-voyageur traitait en son propre nom, il ne serait obligé envers les tiers que dans le cas où le préposant ne devrait pas être considéré comme engagé directement vis-à-vis d'eux, d'après ce que nous avons dit dans le paragraphe précédent (2), c'est-à-dire lorsque ce dernier a été inconnu, ignoré de celui qui contractait avec le préposé.

119. — Que devrait-on décider si le commis traitait tant en sa qualité de représentant de son patron qu'en son propre nom ?

Les anciens auteurs disaient que celui avec lequel un préposé avait ainsi contracté pouvait à son choix diriger son action contre lui, *ex contractu,* ou contre le préposant, *ex mandato* (3).

Dans ce cas, en effet, le tiers n'a pas seulement suivi la foi du préposant. En traitant tout à la fois en son propre nom et en qualité de mandataire de son patron, le commis s'est offert comme obligé ; il pourra être poursuivi *ex contractu.*

-----

(1) *Voy.* Req., 26 juin 1845.
(2) *Voy. supra,* n° 111.
(3) *Voy.* notamment Serres, *Inst, du droit franc.,* liv. IV, tit. VII, p. 579.

120. — Quand le commis-voyageur s'est substitué quelqu'un dans sa gestion, en agissant au nom du préposant, et en vertu du mandat qui l'autorisait à opérer la substitution, les tiers n'ont pas d'action contre lui. Cette substitution décharge le commis du mandat qu'il avait reçu, et qu'il a transmis tel qu'on le lui avait donné.

CHAPITRE IV.

Cessation des fonctions du commis-voyageur.

SOMMAIRE.

121. — Division.
122. — A. — L'engagement dont la durée est limitée peut-il cesser par la volonté de l'une des parties?
123. — Suite : *Quid* s'il s'agit d'un commis-voyageur intéressé?
124. — Suite.
125. — Suite : *Quid* lorsque le patron cède son établissement avant l'expiration du terme de l'engagement?
126. — Suite : *Quid* si, dans l'hypothèse précédente, une clause avait déterminé la somme due par le patron, pour le cas où il renverrait le commis avant l'époque convenue?
127. — Suite : *Quid* si le commis quitte, avant le temps fixé, pour une cause honnête?
128. — L'engagement dont la durée n'est pas limitée peut-il cesser par la volonté de l'une des parties?
129. — Suite.
130. — Suite : critique des doctrines énoncées dans un arrêt de la Cour de Metz.
131. — *Quid* lorsque les parties sont convenues de ne résilier qu'après s'être prévenues un certain temps d'avance?

132. — Révocation expresse ou tacite du commis.

133. — *Quid* s'il ignorait la volonté du préposant?

134. — Le manquement à la loi du contrat est une cause de résolution.

135. — *Quid* des défauts graves du préposé?

136. — *Quid* si le commis a fait des opérations pour son compte? Renvoi.

137. — *Quid* des injures graves?

138. — *Quid* de la fraude du patron à l'égard de ses clients?

139. — *Quid* de la force majeure?

140. — *Quid* de la perte de l'établissement?

141. — *Quid* de l'incapacité physique ou morale du commis?

142. — Quels sont les salaires dus dans le cas de force majeure?

143. — Rupture de l'engagement du commis appelé sous les drapeaux.

144. — *Quid* s'il s'est volontairement engagé?

145. — *Quid* si, prévenu d'un délit, il a été mis en prison?

146. — Rupture de l'engagement par la mort du commis.

147. — La mort du préposant est-elle une cause d'extinction de l'engagement?

148. — *Quid* de la faillite du patron?

149. — Suite.

150. — Suite.

151. — Suite : S'il avait été stipulé en faveur du commis une somme à titre d'indemnité, pour le cas de décès du patron, et une somme plus forte pour celui de résiliation volontaire de la part de ce dernier, quelle est celle qui devrait être allouée en cas de faillite?

152. — L'interdiction du préposant est-elle une cause de rupture de l'engagement?

153. — *Quid* de la dissolution de société?

154. — *Quid* de la faillite de la société?

155. — Cessation des fonctions du commis par l'arrivée du terme.

156. — L'engagement du commis-voyageur peut-il recommencer par tacite reconduction ?

157. — Observation sur la délégation faite de ses pouvoirs par le commis.

158. — En cas de cessation des pouvoirs du commis, le préposant est-il tenu de ratifier les actes passés de bonne foi par le délégué ?

159. — La révocation du commis-voyageur fait-elle tomber les pouvoirs du délégué qui a été désigné par le patron ?

160. — Restitution par le commis des titres, pièces ou documents.

161. — Le préposant peut-il le forcer à lui remettre les lettres qu'il lui avait écrites relativement à sa mission ? Opinion de M. Troplong ; solution négative.

162. — Transition. — Extinction des pouvoirs du commis à l'égard des tiers.

163. — B. — Différents modes d'extinction des pouvoirs du commis-voyageur à l'égard des tiers.

164. — Ce que doit faire le préposant qui veut révoquer les pouvoirs de son préposé.

165. — *Quid* si, lorsque la révocation n'a pas eu de publicité, les tiers l'ont cependant connue ?

166. — Suite : qui doit prouver cette connaissance ? Par quels modes ?

167. — *Quid* si le préposant prétend qu'un marché, que le commis a consenti par acte sous seing privé, est antidaté et postérieur à la révocation ?

168. — *Quid* lorsqu'il est établi que le tiers avait connaissance de la révocation ?

169. — Le préposant peut-il demander l'exécution des actes passés avec le commis par les tiers de bonne foi qui ignoraient la révocation ?

170. — Les pouvoirs du commis-voyageur durent-ils en cas de décès du patron ? Opinion de M. Pardessus ; dissentiment.

171. — *Quid* en cas de faillite ? Opinion de M. Pardessus ;
       dissentiment.
172. — *Quid* en cas de dissolution de société ?
173. — Validité des négociations faites par les tiers de bonne
       foi, dans le cas d'extinction du mandat.

121. — Il est inutile d'insister sur l'importance de
la matière que nous devons traiter dans ce chapitre.
C'est surtout ici qu'il faut ne pas perdre de vue la
nature ou les caractères du contrat intervenu entre le
commis-voyageur et le préposant (1).

Nous allons parler de la cessation des fonctions de
ce préposé, en considérant les rapports que le commis et le patron ont, soit entre eux, soit avec les
tiers.

122. — *A*. — Lorsque les parties ont fixé la durée
de l'engagement, quand, par exemple, une maison de
commerce est convenue d'employer pendant cinq ans
un commis qui, de son côté, a promis de voyager
pour cette maison pendant le même temps, ni le préposant, ni le commis ne peuvent, par leur seule volonté, résilier cet engagement, du moins, sans se
rendre passibles de dommages-intérêts. La convention est la loi qu'il faut suivre (2).

---

(1) *Voy. supra*, n° 14.
(2) Art. 1134 C. N. — L'art. 197 du Code de commerce espagnol
contient sur ce point une disposition expresse : « Lorsque le contrat

123. — Ce principe est applicable quand il s'agit du commis-voyageur intéressé (1). Nous savons que la convention qui intervient dans ce cas entre le préposant et le commis n'est point d'une autre nature que celle qui a lieu lorsque des appointements fixes sont promis (2). Quand le patron révoque ce préposé avant le terme fixé pour la durée de l'engagement, il lui doit une indemnité, si cette révocation procède du fait et de la volonté du préposant, et sans que le commis lui ait donné un juste motif de le congédier.

124. — C'est ainsi qu'il a été jugé par la cour de Bordeaux, que la maison de commerce qui, contrairement à la convention des parties, retirait les pouvoirs à son commis-voyageur intéressé, sans motifs valables, avant l'expiration du délai fixé par cette convention, était soumise à des dommages-intérêts envers ce dernier, à raison du préjudice résultant de l'inexécution du traité, dont la résiliation était la conséquence nécessaire du refus par elle fait de continuer sa confiance à son préposé ; et que l'indemnité, en

---

intervenu entre le facteur, le commis et leur chef aura fixé le terme de la duréeduservice, les parties ne pourront arbitrairement se soustraire à son accomplissement ; si elles le font, la partie qui agira ainsi devra indemniser l'autre des préjudices occasionnés par cette rupture. » (Trad. de M. Victor Foucher, p. 76).

(1) *Voy.* Rouen, 28 février 1818.

(2) *Voy. supra*, n° 8.

pareil cas, devait se régler par la perte que le commis-voyageur avait éprouvée, et par le gain dont il avait été privé (1).

Le tribunal de commerce devant lequel la difficulté fut portée, avait cru devoir maintenir l'exécution de la police jusqu'à l'expiration du temps fixé pour la durée des services du commis, conformément à ses conclusions. Mais la cour pensa que le préposant ayant refusé de lui donner ses instructions et de lui continuer sa confiance, il était impossible de l'y contraindre; que, par conséquent, comme le commis ne pouvait plus remplir sa mission, c'était le cas, pour le tribunal, de considérer le contrat comme résolu, et d'allouer au commis-voyageur des dommages-intérêts pour le préjudice causé par l'inexécution, et pour lui tenir lieu du gain qui lui avait été promis par la convention.

125. — Si le patron cède son établissement de commerce avant l'expiration du temps assigné à la durée de l'engagement, le commis-voyageur a le droit de demander la résolution du traité avec dommages-intérêts, même dans le cas où le successeur se serait obligé à en exécuter les conditions.

Il est bien permis de céder la propriété d'une cré-

____

(1) 7 août 1835.

ance, sans consulter la volonté du débiteur; mais on ne peut pas transmettre la coopération, l'industrie d'une personne, sans son consentement. Le commis-voyageur peut craindre de ne pas rencontrer, dans le successeur, le caractère, les qualités qui l'avaient déterminé à s'engager envers son patron.

126. — Dans l'hypothèse qui précède, il appartiendrait aux tribunaux de fixer le chiffre des dommages-intérêts à payer au commis, bien qu'une clause eût déterminé la somme dont le patron serait tenu dans le cas où il croirait devoir le renvoyer avant l'époque fixée par la police.

On ne saurait invoquer contre cette solution la disposition de l'art. 1152 Code Nap., qui veut que le juge fasse exécuter le contrat, sans qu'il lui soit permis d'allouer une somme plus forte ni moindre. Nous ne sommes plus, en effet, dans les termes de la clause pénale : le patron n'use pas ici de la faculté que lui donnait cette clause de renvoyer le commis avant le terme stipulé, sauf à payer la somme convenue, mais du droit qu'il a incontestablement de transmettre à un tiers son établissement. Seulement, comme le commis n'est pas obligé d'avoir confiance dans le successeur, il est autorisé, ainsi que nous l'avons dit dans le numéro précédent, à demander lui-même, avec la résolution de l'engagement, la réparation du préjudice qui lui est causé, et qui sera apprécié par le tribunal appelé à statuer sur la difficulté (1).

127. — Le commis-voyageur est passible de dommages-intérêts envers son patron, même dans le cas où c'est pour une cause honnête ou louable qu'il quitte son service avant le temps fixé; par exemple, pour se marier, ou pour aller donner des soins à des parents vieux et infirmes. C'est par son fait, comme le dit Pothier en parlant du serviteur, qu'il ne remplit pas son obligation.

Mais nous ajouterons, avec Pothier, que les tribunaux doivent, en ce cas, se montrer, dans l'estimation des dommages-intérêts, moins rigoureux que si le commis abandonnait son patron sans sujet : par paresse, par libertinage, ou par l'espoir d'obtenir d'une autre maison de plus forts appointements (2).

128. — S'il n'a été fixé aucun terme pour la durée de l'engagement, quoique la convention soit faite au mois, ou à l'année, le préposant peut congédier le commis-voyageur, et celui-ci le quitter, avant l'expiration du mois ou de l'année.

Le mois ou l'année n'ont été pris en considération

____

(1) *Voy.* Lyon, 8 janvier 1848; *J. P.*, 1848, t. II, p. 40.
(2) *Louage*, n° 170.

que pour déterminer la quotité proportionnelle de salaires que le patron paierait au commis dans le cas où celui-ci serait renvoyé ou quitterait la maison.

Mais le préposant et le commis doivent se prévenir de l'intention qu'ils ont de résilier, en se conformant aux usages (1).

129. — C'est d'après ces principes que la cour de Caen a jugé qu'un commis aux appointements à l'année, congédié dans le courant d'une année, n'a pas droit aux appointements de l'année entière, encore que le patron n'allègue aucun motif de renvoi; qu'il a seulement droit à des dommages-intérêts à raison du tort que peut lui causer le congé subit et imprévu (2).

La cour de Bruxelles a également décidé que, lorsque les appointements d'un commis ont été réglés à l'année, le patron n'est pas tenu, s'il le renvoie, ou s'il cesse de l'employer avant l'expiration de l'année, de lui payer les appointements de l'année entière; et

---

(1) Selon l'art. 196 du Code de commerce espagnol, « lorsque, le terme du service n'aura pas été déterminé entre les commis et leurs chefs, il est libre à chacune des parties de le faire cesser en donnant avis à l'autre partie de sa résolution un mois d'avance. Le commis renvoyé par son chef a droit à un mois de salaire, sans pouvoir obliger celui-ci à le conserver dans l'exercice de ses fonctions. » (Trad. de M. Victor Foucher, p. 76).

(2) 2 août 1849 ; D., P., 50, 2, 45.

que, lorsque le renvoi a lieu sans motifs graves, il est seulement dû au commis ainsi renvoyé une indemnité proportionnée au temps présumé nécessaire pour trouver ailleurs un emploi (1).

130. — Un arrêt de la cour de Metz, du 21 avril 1818, nous semble renfermer, sur les principes que nous venons d'exposer, quelques idées linexactes, et faire une certaine confusion : « Considérant, porte cet arrêt, que, selon tous les principes et tous les usages reçus, les gages ou salaires d'un commis, quoique fixés à une somme déterminée pour l'année, terme ordinaire de ces sortes d'engagements, se répartissent naturellement entre chaque mois, et ne peuvent être exigés pour la totalité. » Ce n'est pas cette première proposition que nous voulons critiquer : nous avons exposé le même principe dans les numéros qui précèdent. Mais la cour ajoute : « lorsque pour des *causes légitimes* et sur lesquelles *la loi s'en rapporte à la simple déclaration et à la foi du maître ou commettant*, celui-ci croit devoir remercier l'autre de ses services *avant l'expiration du terme convenu.* »

De deux choses l'une : ou la cour suppose qu'il s'agit d'un engagement avec appointements à l'année, sans terme fixé pour la durée, et, dans ce cas, il n'est

______

(1) 19 juillet 1828.

pas nécessaire qu'il y ait une cause légitime de renvoi pour que le patron puisse congédier son commis; ou bien, la cour raisonne dans l'hypothèse d'un engagement d'une durée limitée, et alors, le préposant ne peut être admis à le faire cesser par la simple allégation d'une cause légitime de renvoi, il faut qu'il la prouve.

Il est vrai que, dans notre ancienne jurisprudence, la question de savoir si le maître devait en être cru sur son affirmation, quant aux sujets de plainte qu'il alléguait contre son domestique, était laissée à l'arbitrage du juge, qui se déterminait par les circonstances de la cause, par la dignité et la bonne réputation du maître (1); et cette opinion est adoptée par plusieurs auteurs modernes (2). Mais nous ne pensons pas que, dans les principes de notre droit actuel, elle doive être suivie pour les causes de renvoi qu'un patron invoque contre son commis-voyageur, qui, d'ailleurs, n'est point un domestique. La preuve reste soumise aux règles du droit commun. C'est à celui qui allègue un fait à le prouver : *actoris est probare*.

131. — Si les parties sont convenues de ne résilier

------

(1) *Voy.* Pothier, *Louage*, n° 175. — *Junge* : arrêt du parlement de Navarre du 20 janvier 1769.

(2) Henrion de Pansey, *Compét. des juges de paix*, ch. 30; MM. Duranton, XVII, n° 235 ; Troplong, *Louage*, n° 867.

qu'après s'être prévenues un certain temps d'avance, cette clause doit être respectée.

Néanmoins, si le commis manquait à ses engagements, il pourrait être congédié immédiatement et sans avertissement préalable. En ne remplissant pas ses obligations, il donne au préposant un juste sujet de terminer ses rapports avec lui. Il ne peut se plaindre de ce que celui-ci n'a pas observé la convention, en ne le prévenant pas à l'avance, alors qu'il est contrevenu lui-même à ses engagements (1).

La même décision devrait être donnée à l'égard du préposant.

132. — Le patron qui veut faire cesser les pouvoirs du commis-voyageur doit lui notifier d'une manière expresse sa volonté.

Mais la révocation peut aussi être tacite et résulter des circonstances. Lorsque le commis connaît, par une voie quelconque, qu'il a perdu la confiance de son patron, que ses pouvoirs sont révoqués, il n'est pas nécessaire qu'il soit touché d'une notification directe pour être dans l'obligation de s'abstenir (2).

Les tribunaux auront à apprécier avec soin les faits

______

(1) Bordeaux, 12 mars 1842; Dev., 42, 2, 266.
(2) *Voy.* Req., 14 mai 1829.

de chaque espèce pour reconnaître si la révocation était bien connue du préposé.

133. — S'il ignorait la volonté du préposant, son intention de révoquer les pouvoirs qu'il lui a confiés, les opérations du commis dévraient être ratifiées. La révocation d'un mandat ne se présume pas. L'ignorance de cette révocation ne peut nuire au mandataire (1).

134. — Il est certain que le manquement à la loi du contrat, dont l'une ou l'autre des parties peut se rendre coupable, est une cause de résolution des engagements existant entre elles (2).

135. — Des défauts graves, tels que l'ivrognerie, l'infidélité du commis-voyageur, sont aussi un motif légitime de rompre avant le temps l'engagement à jour fixe.

Le préposant doit alors avoir le droit de congédier le préposé sur le champ, en lui payant seulement le temps échu (3).

136. — Il pourrait aussi être admis à le renvoyer,

----

(1) *Voy.* art. 184, 191 C. comm. espagnol.
(2) Art. 1184 C. N.
(3) Aux termes de l'art. 179 du Code de commerce espagnol, est déclaré cause spéciale pouvant déterminer le renvoi des commis, nonobstant tout contrat de louage de services pour un temps déterminé, tout acte de fraude et abus de confiance dans la gestion qui leur est confiée. (Trad. de M. Victor Foucher, p. 76.)

dans le cas où il aurait fait, dans ses tournées, quelques opérations pour son compte, ou pour celui d'un tiers, ainsi que nous l'avons expliqué (1).

137. — Des injures graves adressées par le patron au commis, et réciproquement, seraient encore une cause légitime de résiliation de l'engagement (2).

138. — La fraude du patron vis-à-vis de ses clients, telle que, par exemple, la falsification des marchandises vendues, peut-elle autoriser le commis-voyageur à demander la résolution de son engagement?

L'affirmative ne nous paraît point douteuse : nous avons déjà dit que, dans ce cas, l'engagement du commis était nul, et qu'il n'avait point lui-même d'action contre le préposant, quand il contractait avec la connaissance du but illicite que celui-ci se proposait (3). Si c'est après la formation du contrat que le commis acquiert cette connaissance, il doit être autorisé à en demander la résolution. On ne saurait le

____

(1) *Supra*, nᵒˢ 27 et suiv. — L'art. 199 du Code de commerce espagnol déclare cause spéciale pouvant déterminer le renvoi des commis, nonobstant tout contrat de louage de services pour un temps déterminé, toute négociation de commerce pour leur propre compte ou pour un tiers autre que leur chef, à l'insu et sans la permission expresse de celui-ci. (Trad. de M. Victor Foucher, p. 76.)

(2) L'art. 198 du Code de commerce espagnol contient une disposition analogue.

(3) *Supra*, nᵒ 24.

contraindre à être l'instrument d'opérations illicites, contraires à la morale, réprouvées et punies par la loi.

139. — La force majeure est aussi une cause de rupture, soit qu'elle tombe sur le patron, soit qu'elle tombe sur le commis-voyageur.

140. — La perte de l'établissement du patron par suite d'un sinistre, d'un incendie, par exemple, qui détruirait entièrement les bâtiments, le matériel et marchandises de l'exploitation, mettrait fin à l'engagement.

141. — Le contrat prendrait aussi fin si, pendant le temps fixé pour la durée des services, le commis-voyageur était atteint d'une incapacité physique ou morale, qui l'empêchât de continuer sa mission.

142. — Lorsque la force majeure tombe sur le patron, elle le dispense de payer les salaires du commis pour le temps de l'engagement qui reste à courir. Si c'est sur le commis, il lui est seulement alloué des appointements au prorata de la durée de son service (1).

---

(1) Nous avons expliqué, *supra*, n° 72, comment et dans quels cas le patron est autorisé à faire des réductions sur les appointements du commis, lorsque l'impossibilité de rendre les services promis n'a été que momentanée.

143. — Lorsque le commis-voyageur est appelé sous les drapeaux, son engagement est également rompu. Il ne doit aucuns dommages-intérêts, et il n'a droit à ses appointements que proportionnellement au temps qu'il est resté chez son patron.

Il en est de ce cas comme de celui où le commis ne peut continuer son service par suite d'une maladie ou d'un autre accident (1).

144. — Mais s'il s'était volontairement engagé, il pourrait être passible de dommages-intérêts.

En vain dirait-on que le service militaire est si favorable, que la loi du 21 mars 1832 a permis à un fils âgé de vingt ans de souscrire, sans le consentement de ses père et mère, un engagement volontaire; qu'un simple louage de services ne peut pas être plus privilégié que la puissance paternelle.

Ces motifs ne nous paraissent pas suffisants pour autoriser le commis-voyageur à rompre son engagement. La loi a pu, par des considérations d'utilité publique, faire cesser les effets de la puissance paternelle, sans avoir voulu pour cela permettre à un préposé de violer la foi promise. Telle est, du moins, notre opinion (2).

---

(1) *Voy.* Pothier, *Louage,* n° 171.
(2) *Voy.* Pothier, *loc. cit.* n° 171.

Les tribunaux pourront, toutefois, être très modérés dans l'appréciation des dommages-intérêts dus au patron.

145. — Si le commis-voyageur, prévenu d'un délit, avait été mis en prison, ou obligé de fuir pour éviter une prise de corps, il serait tenu de dommages-intérêts envers le préposant, s'il était déclaré convaincu du délit, car ce serait par son fait qu'il aurait été obligé d'abandonner son service.

Mais il en serait autrement si l'affaire n'avait pas eu de suite, ou s'il était absous, car il n'aurait quitté ses fonctions que par suite d'une force majeure (1).

Il ne pourrait cependant exiger du patron aucuns appointements pendant le temps qu'il n'aurait pu remplir sa mission.

146. — Il est à peine utile de dire que la mort du commis-voyageur est une cause de rupture de l'engagement.

Cet engagement, contracté *intuitu personæ*, ne peut évidemment survivre à celui qui l'a pris.

Ses héritiers n'ont droit qu'à une part d'appointements proportionnelle à la durée des services.

147. — Que déciderons-nous à l'égard de la mort du préposant? Est-elle une cause d'extinction de

______

(1) Pothier, *Louage*, n° 172.

l'engagement ? Non (1) ; et si l'engagement est au mois ou à l'année, il conservera ses effets aussi long-temps que les héritiers du patron n'auront pas fait connaître leur intention de résilier.

Nous dirons plus loin si les actes du commis lient les héritiers envers les tiers qui ont contracté avec lui après le décès du préposant (2).

148. — La faillite du patron est-elle une cause de résiliation de plein droit ?

Nous ne pensons pas que l'on doive se prononcer pour l'affirmative, lorsqu'il ne s'agit que des rapports entre le commis-voyageur et le préposant.

Sans doute, il s'opère dans la fortune de celui-ci un changement très grave, par suite duquel il est dessaisi de l'administration de tous ses biens ; et cependant, si le failli ou ses représentants offraient une caution suf-fisante, le commis nous paraîtrait sans intérêt et mal fondé à insister pour obtenir la résiliation de son engagement.

Il peut être utile à la masse de la faillite de conti-nuer l'exploitation de l'établissement (3). Le failli, d'ailleurs, peut rentrer dans l'administration et la

---

(1) Pothier, *Mandat*, n° 109.
(2) *Infra*, n° 170.
(3) *Voy.* art. 470 C. Comm.

libre disposition de sa fortune, par suite d'un concordat.

149. — Les créanciers de la faillite n'auraient pas non plus qualité pour demander la résiliation pour raison de la faillite.

150. — Mais, s'ils n'offraient pas au commis une caution suffisante, la résiliation pourrait être prononcée sur sa demande. Ce préposé ne peut être tenu d'exécuter ses engagements vis-à-vis d'une personne qui ne peut plus exécuter les siens.

151. — S'il avait été stipulé, en faveur du commis, une somme, à titre d'indemnité, pour le cas de décès du patron, et une somme plus forte pour celui de résiliation volontaire de la part de celui-ci, quelle est celle qui devrait être allouée en cas de faillite?

Ce n'est pas évidemment la seconde, car on ne se trouve point dans les termes de la clause pénale : la faillite n'est pas l'événement prévu par la partie de la stipulation qui parle de la résiliation résultant de la seule volonté du patron.

La Cour d'Angers a décidé que l'indemnité serait la même que celle qui a été stipulée pour le cas de mort du commettant (1).

Il y a, en effet, une assez grande analogie entre les

______

(1) 8 décembre 1848; J. P., 1849, t. II, p. 189.

deux événements. Néanmoins, les tribunaux pourraient très bien allouer une autre indemnité, car la cause de résiliation n'est pas encore celle que les parties ont prévue par leur convention.

152. — L'interdiction du préposant ne serait pas une cause de rupture de l'engagement. La personne frappée d'interdiction est, sans doute, privée de la capacité de contracter, de commercer. Mais cette cause, qui met fin au mandat du commis vis-à-vis des tiers, ainsi que nous le dirons, ne résout pas de plein droit les obligations entre le patron et son préposé.

153. — La dissolution d'une société de commerce, pour le compte de laquelle le commis voyagerait, ne serait pas non plus une cause d'extinction de l'engagement entre celui-ci et la maison.

154. — Nous en dirons autant de la faillite de la société, qui, dans notre opinion, n'est pas même une cause de dissolution (1).

155. — Enfin, il n'est pas douteux que les fonctions du commis-voyageur prennent fin par l'expiration du temps convenu entre les parties pour la durée de l'engagement.

156. — Lorsque l'engagement a ainsi pris fin par l'expiration du terme, peut-il recommencer par tacite

______

(2) *Voy.* Cass. 9 mai 1854.

reconduction? Oui. Si le préposant, après l'expiration du terme, avait laissé le commis continuer ses tournées; s'il avait accepté les marchés dont le préposé lui aurait donné avis, les tribunaux pourraient, non seulement considérer comme valable ce qui aurait été fait, mais aussi, selon les circonstances, reconnaître, entre le préposant et le commis-voyageur, l'existence d'un nouvel engagement formé aux mêmes conditions que le précédent.

Cependant, nous ne pensons pas que cet engagement serait contracté pour une période de temps égale à celle qui viendrait de s'écouler. A moins d'un usage qui lui assignerait une certaine durée, le droit de résiliation pourrait être réciproquement exercé à chaque instant, ou plutôt, comme dans le cas où l'engagement a eu lieu sans terme fixe.

157. — La délégation que le commis-voyageur aurait faite de ses pouvoirs pourrait donner lieu à quelques questions assez intéressantes, dont l'examen serait ici à sa place; mais nous les passerons sous silence, parce qu'elles ne sont pas de nature à se présenter souvent.

158. — Disons cependant que, dans le cas où le commis-voyageur aurait délégué ses pouvoirs, avec l'autorisation de son préposant, si le délégué n'avait pas connu la cessation des pouvoirs du commis, le

préposant serait tenu de ratifier les actes passés de bonne foi par le délégué.

159. — Demandons-nous encore si la révocation du commis-voyageur ferait tomber les pouvoirs du délégué qui aurait été désigné par le préposant.

L'affirmative semblerait devoir s'induire de ce que, bien qu'il soit désigné par le patron, le délégué n'en est pas moins choisi par le commis dont il tient ses pouvoirs.

Néanmoins, on peut dire que, par suite de la désignation du préposant, le délégué est pour ainsi dire institué en sous-ordre, et accepté pour mandataire par ce dernier; que, par conséquent, c'est seulement par une révocation personnelle que ses pouvoirs doivent cesser. Si la révocation ne repose que sur une cause personnelle au commis, et ne se rattachant pas à l'affaire même qui est l'objet du mandat, elle sera sans force à l'égard du délégué (1).

160. — Quand les fonctions du commis-voyageur cessent, il est tenu de rendre au préposant les titres, pièces ou documents qu'il avait reçus de lui pour sa gestion·

161. — Le préposant peut-il le forcer à lui remet-

______

(1) *Voy.* MM. Delamarre et Lepoitvin, *Traité du contr. de commission*, t. II, n° 437.

tre les lettres qu'il lui avait écrites relativement à sa mission ?

M. Troplong pense que le mandant ne peut pas exiger du mandataire la remise des lettres missives que ce dernier a reçues de lui à l'occasion du mandat. Ces lettres, dit-il, sont la propriété du mandataire ; elles peuvent lui servir pour sa décharge. Puis, il cite un arrêt inédit de la chambre des requêtes, du 19 février 1845, qui l'aurait ainsi décidé (1).

Cependant il nous semble que, quoique les lettres missives soient, en thèse, la propriété de la personne à laquelle elles sont adressées, ce principe ne peut pas recevoir d'application au cas où elles n'ont pas été écrites à un individu en son nom privé et personnel, mais en sa qualité de commis-voyageur, pour lui donner, dans le seul intérêt du patron, des ordres et des instructions (2).

On peut même jusqu'à un certain point dire que les lettres adressées par une maison de commerce à son commis ne sortent pas réellement de la maison. Il est d'ailleurs difficile de supposer que le préposant ait eu l'intention d'abdiquer la propriété de lettres qui peuvent contenir des notes et des renseignements précieux.

----

(1) *Mandat*, nᵒˢ 428 et 768.
(2) *Voy.* Bordeaux, 12 mars 1842 précité.

Il est vrai que les lettres peuvent, ainsi que le dit M. Troplong, servir au mandataire pour sa décharge. Mais il suffira, comme le faisait observer le tribunal de commerce de Bordeaux (1), pour mettre dans tous les cas à couvert la responsabilité du commis-voyageur, et lui conserver tous ses droits, que la remise des lettres au préposant soit constatée, sous l'obligation de sa part de les représenter toutes les fois que cela sera nécessaire.

162. — Jusqu'à présent, nous n'avons considéré que les rapports entre le patron et le commis ou son délégué. Il nous reste à faire connaître les principes qui doivent être suivis à l'égard des tiers. Nous rechercherons, dans les dispositions du Code Napoléon sur le mandat, les règles que nous allons exposer et la solution des questions qui vont s'offrir à notre examen (2).

163. — *B.* — Les pouvoirs confiés par le patron au commis-voyageur peuvent, au regard des tiers, prendre fin de différentes manières, par exemple, par la révocation que le patron fait directement du mandat donné à son commis, ou par le congé qu'il lui donne, par la renonciation du commis à ses fonctions,

----

(1) Jugement du 23 août 1841.
(2) *Voy. supra,* n° 14.

par la résiliation de l'engagement, par la mort du commis, par l'expiration du temps pendant lequel son mandat devait durer, par l'interdiction du préposant.

164. — Le préposant qui veut révoquer les pouvoirs de son commis-voyageur doit lui faire une notification expresse de sa volonté, et retirer de ses mains la procuration qu'il lui a donnée.

Cependant la notification et le retrait de la procuration ne préserveront pas toujours les tiers de l'erreur : le préposant a accrédité son commis auprès d'eux ; il a autorisé pendant un certain temps sa gestion ; la révocation de ce préposé et le retrait de la procuration peuvent très bien ne pas suffire pour les éclairer.

D'après les principes du droit romain, le mandat donné à l'institeur n'était censé révoqué par rapport aux tiers qui contractaient avec lui, que lorsque la révocation avait été rendue publique par une inscription apposée au lieu même où se faisait le négoce auquel l'institeur était préposé (1).

On suivait à peu près la même règle dans notre ancienne jurisprudence : « Les préposés, dit Pothier, obligent leurs commettants, tant que leur commission

---

(1) *Voy.* L 11, § 2 et 5, D., XIV, III.

dure, et elle est toujours censée durer, jusqu'à ce qu'ils aient été révoqués, et que la révocation ait été connue dans le public (1). »

C'est au préposant à donner à la révocation toute la publicité nécessaire pour que les tiers en soient avertis.

165. — Toutefois, il ne faut pas aller jusqu'à dire que le préposant ne peut jamais se prévaloir, vis-à-vis d'eux, de la notification et du retrait de la procuration seuls.

Si les tiers ont connu la révocation d'une manière quelconque, quand même elle n'aurait pas eu de publicité, la connaissance qu'ils en auraient acquise suffirait pour les constituer en mauvaise foi, et le préposant aurait le droit de leur reprocher d'avoir traité avec un mandataire révoqué (2).

Mais les juges ne doivent admettre, pour prouver cette connaissance, que des faits graves, précis et concordants.

166. — C'est le préposant qui doit prouver que les tiers, qui ont traité avec le commis-voyageur, avaient connaissance de la révocation de ses pouvoirs.

---

(1) *Obligations*, n° 448 ; *voy.* aussi Domat, *Loix civiles*, liv. ɪ, tit. 16, sect. 3, n° 9 ; Serres, *Instit. du dr. franc.*, liv. ɪv, tit. 7, p. 579.
(2) *Voy.* Serres, *loc. cit.*; Domat, *loc. cit.*

La bonne foi est toujours présumée (1), et la présomption de la loi dispense de toute preuve celui au profit duquel elle existe (2).

Du reste, comme il s'agit d'un simple fait, la preuve peut avoir lieu, même à l'égard des non commerçants, par tous les modes légaux, même par témoins, sans commencement de preuve par écrit.

167. — Si le préposant prétend qu'un marché que le commis-voyageur a consenti par acte sous seing privé, est antidaté et postérieur à la révocation, la preuve de la fausseté de la date est à sa charge, soit en vertu de la maxime *actoris est probare*, s'il est demandeur, soit par suite du principe *in excipiendo reus fit actor*, s'il est défendeur (3).

168. — Une fois qu'il sera établi que le tiers qui a traité avec le commis avait connaissance de la révocation, il n'aura aucune action ni contre le préposant, ni contre le préposé, qui n'a contracté aucune obligation personnelle.

169. — D'une autre part, la faculté accordée aux tiers d'opposer au préposant la validité des ventes, achats ou autres traités, passés avec le commis-voya-

---

(1) *Voy.* art. 2268 C. N.

(2) Art. 1352 C. N.

(3) *Voy.* Paris, 7 janvier 1834, cité par M. Dalloz, *Rép.* v° Mandat, n° 450.

geur dans l'ignorance de la révocation de son mandat, est personnelle à ces tiers ; le préposant ne pourrait pas demander l'exécution de ces actes, puisqu'il avait révoqué le pouvoir de les consentir. Les stipulations du commis, dont le mandat est révoqué, sont, par rapport au commettant, des stipulations pour autrui, et, par conséquent, nulles (1).

170. — Les pouvoirs du commis-voyageur durent-ils, en cas de décès du patron, tant que les héritiers de celui-ci ne les ont pas révoqués, de telle sorte que les tiers qui traiteraient avec le commis après le décès, et avec connaissance de cet événement, auraient une action contre les héritiers?

M. Pardessus se prononce pour l'affirmative, qu'il se borne à énoncer en ces termes : « Ni la mort du préposant, ni son remplacement par un héritier, ne révoquent de plein droit les pouvoirs du préposé, tant que la gestion n'a pas été confiée à d'autres (2). »

Cette doctrine du savant professeur est probablement un ressouvenir des anciens principes :

D'après les règles de la loi romaine, les tiers, qui contractaient avec l'institeur, après la mort du préposant, avaient une action contre ses héritiers, tant qu'ils

-----

(1) Art. 1119 C. N.
(2) Vol. 2, n° 561, p. 479, 5e édit.

n'avaient pas révoqué le mandat, et lors même que les tiers avaient eu connaissance du décès (1).

Les mêmes règles étaient enseignées par Pothier, dans notre ancienne jurisprudence : « Quoique, régulièrement, tout mandat finisse par la mort du mandant, disait-il, néanmoins l'utilité du commerce a établi que la commission de ces personnes (des préposés), durât même après la mort du négociant qui les a préposés, jusqu'à ce qu'ils soient révoqués par l'héritier ou autre successeur ; et en contractant pour les affaires auxquelles ils sont préposés, ils obligent l'héritier du négociant qui les a préposés, ou sa succession vacante, s'il n'en a point laissé (2). » Le législateur a-t-il voulu respecter ces principes? Nous ne le pensons pas : aux termes de l'art. 2003 Code Nap., le mandat finit par la mort du mandant ; et aucune disposition exceptionnelle, pareille à celle des textes du droit romain plus haut cités, n'existe dans la législation moderne.

Nous croyons donc que les actes passés par les tiers avec le commis-voyageur, après le décès du préposant, alors qu'ils connaissaient cet événement, sont nuls à l'égard des héritiers de celui-ci.

____

(1) L. 5, § 17; l. 17, § 3, et l. 11 pr., D., XIV, III. — *Voy.* Pothier, *Pandect.*, lib. xiv, tit. 3, n° 10; Vœt, *eod. loc.*, n° 3.
(2) *Obligations,* n° 448.

Notre législateur n'a sans doute pas voulu édicter, dans l'intérêt du commerce, une disposition qui pouvait, dans certaines circonstances, favoriser la mauvaise foi.

171. — M. Pardessus donne, pour la faillite du préposant, la même solution que dans le cas de décès : cet événement, selon lui, ne révoque pas non plus de plein droit les pouvoirs du préposé, tant que la gestion n'a pas été confiée à d'autres (1).

Nous pensons, au contraire, que la faillite met fin au mandat du commis, lorsqu'il s'agit des rapports avec les tiers, et que les actes qu'ils ont passés avec lui après cet événement doivent, en thèse, être considérés comme nuls. Les raisons de décider sont les mêmes que dans le cas de décès du préposant. Le mandat finit par la faillite (2), et aucune disposition particulière ne modifie, dans nos lois, cette règle générale. L'exception, que l'on voudrait introduire, aurait, d'ailleurs, pour effet de rendre dans certains cas la fraude plus facile.

172. — La même décision doit être donnée en cas de dissolution de la société pour laquelle le commis se serait engagé à voyager : cette dissolution entraîne-

---

(1) *Loc. cit.*
(2) *Voy.* art. 2003.

rait aussi la révocation de ses pouvoirs au regard des tiers. Elle équivaut au décès du préposant.

173. — Hâtons-nous de dire que, lorsque les tiers ont ignoré soit la révocation du préposé, soit la mort ou la faillite du préposant, soit enfin les autres événements qui sont des causes d'extinction du mandat, lorsque les tiers sont de bonne foi, la loi vient à leur secours, en déclarant valables les négociations qui ont eu lieu (1).

Cette solution est commandée par l'intérêt du commerce et du crédit : *Nihil autem est quod exercendis commerciis et propagandis tantoperè prosit quantùm si publicè ac bonâ fide contrahentes sciant se certò contrahere* (2). Elle est aussi basée sur l'équité et sur la raison : on ne peut, en effet, exiger des tiers la connaissance d'événements qui se sont passés loin d'eux, et qui ont fait cesser les pouvoirs d'un mandataire.

---

(1) Art. 2005, 2008, 2009 C. N. — *Voy.* Req., 15 février 1808.
(2) Favre, sur la loi 24, § 1, D., *De minoribus.*

CHAPITRE V.

De la Compétence.

———

174. — Nous diviserons ce dernier chapitre en deux paragraphes : dans le premier, nous traiterons de la compétence relative aux difficultés qui s'élèvent entre les préposants et les tiers avec lesquels les commis-voyageurs ont contracté ; dans le second, nous dirons quels sont les tribunaux qui doivent connaître des contestations existant entre les commis-voyageurs et les préposants ou les tiers.

———

§ I.

Contestations entre les préposants et les tiers.

———

SOMMAIRE.

175. — Observation préliminaire.
176. — Disposition de l'art. 420 C. proc. civ.
177. — Nécessité du concours des deux conditions men-

tionnées par cet article, pour fonder la compétence exceptionnelle prévue par sa disposition.

178. — Comment s'opère la livraison d'une marchandise
vendue et expédiée par le vendeur; critique des
doctrines d'un arrêt de la Cour de Turin.

179. — Suite : *Quid* lorsque la chose vendue est du nombre
de celles que l'on est dans l'usage de goûter avant
d'en conclure l'achat?

180. — Suite : *Quid* si la facture des marchandises expédiées
porte la condition *franc de port*? Critique d'un arrêt de la Cour de Toulouse.

181. — La disposition de l'art. 420 C. pr., ne peut être invoquée en cas de contestation portant sur l'existence même de l'obligation.

182. — Où le prix d'une vente doit-il, en thèse, être exigé?

183. — La disposition de l'art. 420 C. pr., qui permet d'assigner devant le Tribunal de commerce du lieu du
paiement, s'applique aussi dans l'intérêt de l'acheteur.

184. — Le Tribunal devant lequel l'action est portée peut-il
ordonner une enquête pour établir l'existence de
la condition qui le rend compétent? Affirmative
enseignée par M. Pardessus; dissentiment.

185. — *Quid* lorsque le marché a été conclu par le commis-
voyageur au domicile de l'acheteur, et la marchandise livrée au lieu du domicile du préposant?

186. — Lorsque le commis-voyageur n'a que le mandat
de recevoir des ordres pour les transmettre à
son patron, est-ce que, en cas d'acceptation et
d'expédition de la marchandise, le patron peut assigner l'acheteur devant le Tribunal de commerce
de son propre arrondissement? Examen de la doctrine consacrée par l'arrêt de la Chambre des requêtes du 19 décembre 1821; dissentiment; solution négative.

187. — Devant quel Tribunal de commerce doit-être por-

tée la demande formée par l'acheteur, quand l'existence même de la vente est sérieusement contestée par le préposant?

188. — Suite : les Tribunaux ont le droit d'examiner si la contestation est sérieuse.

189. — En cas de vente par l'entremise d'un commis-voyageur, si la facture expédiée à l'acheteur énonce que la marchandise est payable au domicile du préposant, cette énonciation est-elle attributive de juridiction au Tribunal de commerce de ce domicile? Exposé de deux opinions diverses ; dissentiment; solution.

190. — Suite : cas d'acceptation implicite et d'engagement pris par l'acheteur de payer au lieu fixé par la facture.

191. — Suite : autre hypothèse.

192. — Suite : *Quid* si l'acheteur a d'abord reçu sans réclamation la facture indiquant le domicile du vendeur pour lieu de paiement, et ensuite refusé en totalité les marchandises?

193. — *Quid* si, en cas d'acceptation de la facture fixant pour lieu de paiement le domicile de l'expéditeur, ce dernier fait sur l'acheteur une traite payable au domicile de celui-ci? Distinction.

194. — Observation.

175. — Il a paru souvent difficile de déterminer le tribunal de commerce qui devait être saisi des contestations existant entre les préposants et les tiers, par suite des négociations effectuées par l'entremise des commis-voyageurs. Il existe sur ce point des monuments de jurisprudence assez nombreux, dont

nous analyserons les principales doctrines, en exposant aussi celles que nous croyons devoir suivre.

Que l'on veuille bien nous permettre de résumer auparavant quelques principes, dont l'exposé préliminaire facilitera l'intelligence et peut-être la solution des difficultés que nous examinerons.

176. — Rappelons d'abord que lorsqu'il s'agit de matières de la compétence des tribunaux de commerce, le demandeur peut assigner à son choix : 1° devant le tribunal du domicile du défendeur; 2° devant celui dans l'arrondissement duquel la promesse a été faite et la marchandise livrée; 3° devant celui dans l'arrondissement duquel le paiement devait être effectué (1).

177. — Disons, en outre, que le tribunal de commerce, qui n'est point celui du domicile du défendeur, n'est compétent que lorsque les deux circonstances mentionnées par l'art. 420 Code proc. civ. concourent; il faut que la promesse ait été faite et la livraison effectuée dans l'arrondissement de ce tribunal. Ce principe, déjà admis sous l'empire de l'ordonnance de 1673 (2), résulte formellement de

------

(1) Art. 420 C. Proc. civ.
(2) *Voy*. Jousse, sur l'art. 12 ord. 1673.

l'art. 420, et est généralement enseigné par la doctrine, ou consacré par la jurisprudence (1).

178. — Faisons aussi observer que la livraison d'une marchandise vendue et expédiée par le vendeur ne s'opère point par l'arrivée de cette marchandise dans les magasins de l'acheteur, mais bien par l'envoi du vendeur, par la remise qu'il en fait au voiturier, après le pesage ou le mesurage. C'est donc dans le lieu de l'expédition, ordinairement celui du domicile du vendeur, que s'effectue la livraison d'une chose qui n'est point un corps certain.

Ces principes ont été méconnus par la Cour de Turin :

En août 1810, Bertini, négociant à Turin, remet à Ferdinand Lepicard, commis-voyageur de Lepicard aîné, négociant à Amiens, une note ainsi conçue : « Commis à M. Lepicard l'aîné, d'Amiens, pour expédition au plus tôt possible, et pas plus tard que le courant, à l'adresse de...., 15 pièces de.... de la bonne qualité, à 4 livres 4 sous l'aune ; 4 et demie *dito* première qualité, à 5 livres 5 sous l'aune....»

Le 31 août, Lepicard expédie d'Amiens les mar-

---

(1) Merlin, *Rép.* v° Trib. de commerce ; Pardessus, n° 1354 ; Vincens, t. Iᵉʳ, p. 162 ; Req., 13 novembre 1811 ; 20 janvier 1818 ; Cass., 17 mars 1847 ; Dev., 47, 1, 526 ; D., *P.* 47, 1, 148 ; J. P. 47, 2, 145.

chandises demandées, en donne avis à Bertini, et joint à sa lettre une facture indiquant le prix de la vente, payable à Amiens en écus ou en papier sur Paris.

Le 2 octobre suivant, Bertini annonce à Lepicard que les marchandises sont arrivées, mais qu'elles ne sont pas de la qualité convenue; qu'en conséquence, il les tient à sa disposition, et qu'il ait à se mettre en devoir de lés retirer.

Sur le refus de Lepicard, Bertini le fait assigner devant le tribunal de commerce de Turin pour le faire condamner à retirer les marchandises. Le déclinatoire est opposé par Lepicard. Ce déclinatoire est rejeté par le tribunal et par la Cour de Turin.

Parmi les considérants de l'arrêt de la Cour, nous lisons ceux qui suivent : « Les dispositions des art. 1609 et 1651 Code Nap., comme aussi celle de l'art. 100 Code comm., sont relatives au cas où la vente est parfaite et la chose réellement livrée à l'acheteur; dans notre espèce, ni la vente des marchandises que Lepicard s'était obligé d'expédier à Bertini, *n'aurait pu être parfaite, ni la délivrance n'aurait pu être faite, qu'au moment où ces marchandises auraient été à Turin, et où Bertini les eût reconnues.* En effet, le sieur Lepicard cadet, commis-voyageur, s'était obligé, au nom de sa maison, d'expédier à Bertini les marchandises convenues, de la qualité voulue, et commises par ce dernier : la vente était donc évidemment *sous une condition suspensive, et elle n'était point parfaite* jusqu'à ce qu'il fût bien avéré que les marchandises fussent de la qualité voulue par l'acheteur, puisque alors seulement il y avait consentement sur la chose et même sur le prix ; *de même alors seulement il y avait délivrance.* Ces marchandises, ainsi reconnues et acceptées, passaient en la puissance et possession de l'acheteur. Jusqu'à ce que cette reconnaissance eût eu lieu, les marchandises voyageaient pour le compte du fournisseur (1). »

Ces considérants sont en opposition manifeste avec les dispositions des art. 1606, 1609 Code Nap., et 100 du Code de commerce.

Il n'était pas plus exact de considérer la vente comme étant faite sous une condition suspensive, et de dire que Bertini n'avait voulu acheter les marchandises que sous la condition qu'elles seraient de la qualité indiquée par la commission. La vente était parfaite. Seulement, elle était résoluble, si les marchandises n'étaient pas de la qualité convenue.

Nous ne pensons pas qu'il soit utile d'insister, quoique nous ayons remarqué à peu près la même

____

(1) Arrêt du 22 mai 1811.

erreur dans les motifs d'un arrêt rendu par la Cour de Grenoble le 26 février 1856 (1).

179. — Lorsque la chose vendue est du nombre de celles qui doivent être goûtées avant d'en conclure l'achat (2), la dégustation et l'agrément se confondent avec la livraison. Et cependant, si la chose ne doit pas être goûtée, parce que l'acheteur a renoncé, ou est censé, d'après les principes de la matière, avoir renoncé à la dégustation, la livraison se fait également, en thèse, au lieu de l'expédition, ordinairement au lieu du domicile du vendeur, comme nous l'avons déjà dit, par la remise que fait celui-ci de la marchandise au voiturier après le pesage ou le mesurage.

180. — Il ne suffirait même pas, selon nous, que la facture des marchandises expédiées portât la condition de *franc de port*, pour que le lieu du domicile de l'acheteur dût être réputé le lieu de la livraison.

La Cour de Toulouse a cependant jugé le contraire : « Attendu que la condition de franc de port ne peut être effectuée que par l'arrivée franc de port de la marchandise au domicile de l'acheteur ; que ce n'est qu'alors que la vente est parfaite et accomplie, et que

---

(1) Dev., 58, 2, 42.
(2) Art. 1587 C. N.

la livraison a eu lieu; — attendu que le vendeur payant les frais de port, le transport est à sa charge; que, par conséquent, la propriété de la marchandise n'est acquise à l'acheteur qu'à la réception; qu'il est de règle que la livraison n'est faite qu'au lieu et à l'instant où l'acheteur acquiert la propriété (1). »

Mais, quand même il est stipulé que l'acheteur recevra *franc de port* la marchandise, est-ce que la vente n'est pas parfaite avant la livraison? Peut-on dire que c'est seulement par l'arrivée franc de port de la marchandise au domicile de l'acheteur que la vente recevra sa perfection? Evidemment non. Cette condition a seulement pour but de favoriser l'acheteur, et pour seul effet de mettre les frais de transport à la charge du vendeur. On ne peut vraiment pas l'interpréter en ce sens qu'elle emporterait une dérogation virtuelle aux principes généraux sur la délivrance et sur la transmission de la propriété.

181. — L'art. 420 Code pr. civ., en exigeant le concours de la promesse et de la livraison pour l'application de sa disposition exceptionnelle, décide bien, par cela même, que cette disposition ne peut être invoquée dans le cas de contestation portant sur

____

(1) 13 juin 1812.

l'existence même de l'obligation, car la livraison suppose la préexistence de cette obligation (1).

182. — Enfin, en thèse générale, le prix ne peut être exigé qu'au domicile de l'acheteur, à moins que la vente ne soit au comptant, ou que les parties ne soient convenues d'un autre lieu de paiement (2).

Il est vrai que l'art. 1651 Code Nap. porte que s'il n'a rien été réglé à cet égard lors de la vente, l'acheteur doit payer au lieu et dans le temps où doit se faire la délivrance. Mais cette disposition signifie seulement que la vente est toujours censée faite sous la condition tacite que le prix en sera payé comptant à l'instant même de la délivrance. Si le vendeur a expédié à l'acheteur la marchandise sans en avoir reçu préalablement le prix ; s'il a ainsi reconnu que le silence de la convention sur l'époque du paiement ne devait pas être interprété par l'art. 1651 ; s'il a tacitement accordé le terme ordinaire du commerce suivant l'espèce de la marchandise, il ne peut pas, plus tard, invoquer cette disposition pour soutenir que le lieu de la délivrance est celui du paiement, et que le tribunal de ce lieu est compétent. On rentre alors dans

____

(1) *Voy.* Req., 21 mars 1826 ; Bordeaux, 19 août 1843 ; Dev., 44, 2, 562 ; Rouen, 12 décembre 1844 ; Dev., 45, 2, 346.
(2) Art. 1247 C. N.

le droit commun formulé par l'art. 1247 Code Nap., suivant lequel le paiement doit être fait au domicile du débiteur (1).

183. — La disposition de l'art. 420 Code pr. civ., qui donne au *demandeur* la faculté d'assigner devant le tribunal de commerce du lieu du paiement, s'applique non seulement dans l'intérêt du vendeur, pour obtenir le paiement du prix, mais aussi dans l'intérêt de l'acheteur, pour les demandes qu'il peut avoir à intenter contre le vendeur à fin d'exécution du contrat, de résiliation ou de dommages-intérêts en cas d'inexécution de la convention (2).

184. — Enfin, M. Pardessus pense que le tribunal devant lequel l'action est portée, pourrait ordonner une enquête pour établir l'existence de la condition qui le rend compétent : si le résultat, dit-il, en est favorable au demandeur, le tribunal, après avoir reconnu sa compétence, jugera le fond. Si l'enquête ne constate pas l'une des deux circonstances qui peuvent le rendre compétent, il se dessaisira (3).

Nous ne partageons point cette opinion : selon nous,

---

(1) *Voy.* Sect. civ., rej., 14 juin 1813; *Junge* : Req., 4 décembre 1811 ; 16 déc. 1812.

(2) *Voy.* Req., 30 juin 1807; 15 mai 1854; Dev., 54, 1, 435; 20 juin 1854; Dev., 56, 1, 600.

(3) Vol. VI, n° 1354, p. 42, 5° édit.

la cause de la juridiction exceptionnelle doit se trouver établie dans un acte écrit , ou être reconnue par les parties, pour que le tribunal puisse rester saisi (1).

185. — Ces principes expliqués, abordons les questions qui se rattachent plus spécialement à l'objet de ce paragraphe.

Il est un premier point qui ne nous paraît pas offrir beaucoup de difficulté : c'est lorsque le marché a été irrévocablement conclu, par le commis-voyageur ayant les pouvoirs suffisants, au domicile de l'acheteur, et la marchandise livrée au lieu du domicile du préposant. Celui-ci ne peut pas assigner l'acheteur devant le tribunal de commerce de l'arrondissement où la livraison a été faite, pour faire statuer sur l'exécution de la vente. Le concours des deux conditions exigées par l'art. 420 Code pr. civ. n'existe pas (2).

186. — Mais que doit-on décider lorsque le commis-voyageur, au lieu d'avoir les pouvoirs nécessaires pour terminer définitivement les marchés, n'a que le mandat de recevoir des ordres pour les transmettre à son préposant ? Est-ce que si ce dernier accepte l'ordre

----

(1) *Voy.* Nancy, 9 août 1852; Dev., 52, 2, 493. ..
(2) Req., 13 novembre 1811 ; Colmar, 18 juillet 1832 ; Dev., 35, 2, 207 ; Rouen, 12 mars 1847; Dev., 48, 2, 361.

donné par le tiers et lui expédie la marchandise, il pourra l'assigner devant le tribunal de commerce de son propre arrondissement? Ne devra-t-il pas, au contraire, porter son action devant le tribunal de commerce de l'acheteur?

Pour soutenir que l'acheteur peut être traduit devant le tribunal de commerce du domicile du vendeur, on dit que, lorsqu'un commis-voyageur est seulement chargé de recueillir des ordres et de les transmettre à son préposant, qui s'est réservé le droit de les accepter ou de les refuser, l'acceptation de ce dernier est nécessaire pour qu'il y ait lien de droit réciproque; que c'est à son domicile que le contrat doit être réputé conclu; que, par conséquent, dès que la promesse et la livraison ont été faites au lieu de ce domicile, l'acheteur peut être assigné devant le tribunal de commerce de ce lieu.

La Chambre des requêtes a consacré cette opinion, dans une espèce, dont nous avons déjà parlé (1), et par un arrêt du 19 décembre 1821, que des arrêtistes mentionnent à tort comme renfermant une décision dans le sens de l'arrêt du 13 novembre 1811 ci-dessus cité (2) :

____

(1) *Supra,* n° 95.
(2) *Supra,* n° 185.

« Attendu, porte l'arrêt de 1821, qu'après avoir déclaré qu'il y avait eu commission d'acheter et non pas vente, la Cour de Montpellier a justement appliqué les principes de l'art. 1985 du Code civ., d'après lequel le mandat ne devient contrat que par l'acceptation, laquelle, dans l'espèce, résultait de l'exécution donnée par la maison Tourret aux ordres reçus par son commis; d'où suivait la conséquence nécessaire que le contrat n'était devenu parfait qu'à Cette, lieu de l'exécution et du domicile de la maison Tourret (le préposant), ce qui constituait la première des conditions exigées par le second alinéa de l'art. 420 Code pr. civ.;

« Attendu qu'en déclarant que la livraison a eu lieu à Cette où la marchandise a été embarquée avec destination pour Jaudas (l'acheteur) à Saint-Valery, l'arrêt attaqué s'est conformé exactement à l'art. 100 du Code de commerce, d'après lequel, faute de convention contraire, les marchandises expé-diées audit sieur Jaudas voyageaient à ses risques, et à l'art. 1609 du Code civ., qui fixe le lieu où la déli-vrance doit être faite dans celui où la chose se trou-vait à l'instant où la propriéte a été transmise, ce qui constituait la seconde condition exigée par le second alinéa de l'art. 420 du Code de procédure. »

Quoique la doctrine de cet arrêt ait été approuvée

par plusieurs auteurs estimables (1), et suivie par quelques cours d'appel (2), nous ne l'adoptons point; nous ne la croyons pas exacte.

La Chambre des requêtes prétend que lorsqu'une personne sollicitée par un commis-voyageur donne à celui-ci un ordre qu'il transmet à son préposant, il y a là un mandat adressé par l'acheteur à ce dernier, mandat qui ne devient contrat que par l'acceptation du préposant (art. 1985 Code Nap.). La Chambre des requêtes apprécie-t-elle d'une manière bien exacte ce qui se passe dans l'espèce qui nous occupe? Nous ne le pensons pas. Le commis-voyageur, en effet, se présente au négociant avec le pouvoir de traiter provisoirement et de faire avec lui une convention dont les bases sont fixées, mais sous la réserve de l'adhésion de son préposant. Lorsque celui-ci donne cette adhésion, ce n'est pas une convention première et directe qui intervient entre lui et l'acheteur. Elle a déjà été précédée de la proposition que le commis a faite, du consentement de son patron, et qui a été acceptée

---

(1) MM. Pardessus, n° 1354 ; Chauveau (Adolphe) sur Carré, *Lois de la procéd.*, n° 1507 *bis* et 1508 *bis* ; Massé, *Le Droit commerc.*, vol. II, n° 97 ; Nouguier, *Trib. de com.*, vol. I, p. 365.

(2) Montpellier, 21 déc. 1826 ; Lyon, 28 mars 1827 ; Bordeaux, 16 nov. 1830 ; Dev., 31, 2, 141 ; Montpellier, 24 déc. 1841 ; Dev., 42, 2, 145 ; Bordeaux, 4 avril 1842 et 8 avril 1845 ; Dev., 48, 2, 360.

par l'acheteur. Ce cas n'est pas le même que celui où l'acheteur se serait adressé directement au vendeur, sans faire préalablement une convention avec un tiers, mandataire de ce dernier. Le commis-voyageur, mandataire de son préposant, n'est pas un messager auquel un commerçant aurait, par exemple, simplement remis une lettre contenant une proposition d'achat. S'il n'avait que des pouvoirs restreints; s'il ne pouvait conclure définitivement la vente, il était, du moins, chargé d'en déterminer les bases; et il les a arrêtées avec l'acheteur, en soumettant les effets de la convention à la ratification du préposant. Lorsque cette ratification est donnée, elle rétroagit nécessairement au jour de la convention (1).

C'est donc au lieu même, où le commis et l'acheteur sont convenus des conditions de la vente, que la promesse doit être censée faite, et non au lieu du domicile du préposant. Par conséquent, quand même la livraison a été effectuée à ce dernier domicile, on ne peut attribuer au tribunal de commerce, dans l'arrondissement duquel il est situé, la connaissance des contestations que la vente fait naître, puisque les deux conditions exigées par l'art. 420 ne concourent point (2).

____

(1) Art. 1179 C. N.

(2) En ce sens, Cass., 31 août 1852; Dev., 53, 1, 177; M. Bourbeau, *Théorie de la proc.*, vol. VI, p. 166.

187. — Nous avons vu (1) que ce n'est pas seulement le vendeur, mais aussi l'acheteur qui a la faculté d'assigner devant le tribunal de commerce du lieu de paiement.

Mais il n'en est ainsi qu'autant que l'existence même de la vente n'est pas sérieusement contestée par le prétendu vendeur (2). Dans le cas contraire, la demande formée par l'acheteur doit être portée devant le tribunal dans le ressort duquel le vendeur a son domicile.

Ainsi, un commerçant, au nom duquel on prétend qu'une vente de marchandises a été conclue par son commis-voyageur, est traduit devant le tribunal de commerce de l'arrondissement où le demandeur allègue que la promesse a été faite et que le paiement doit être effectué. Ce commerçant soutient que la vente n'a pas été valablement formée, parce que le commis-voyageur n'avait pas de pouvoirs suffisants pour la consentir, mais seulement la mission de prendre et de transmettre à sa maison des ordres ou commissions. Le tribunal ne peut retenir la connaissance de la contestation; il faut qu'il se déclare incompétent, si l'exception proposée par le préposant est sérieuse.

---

(1) *Supra*, n° 183.
(2) Cass., 14 déc. 1857 ; Dev., 58, 1, 265.

C'est le tribunal du domicile de ce dernier qui doit être saisi. Dès que la vente est sérieusement déniée par le défendeur, la base de la juridiction exceptionnelle de l'art. 420 manque entièrement.

La Cour de cassation a fait plusieurs fois l'application de ces principes :

Le commis-voyageur des sieurs Debucq et Godefroy avait vendu à Laforcade, négociant à Pau, une certaine quantité de trois-six. Debucq et Godefroy ne niaient pas que leur préposé eût vendu ; mais ils prétendaient qu'il n'avait pas mandat pour faire cette vente.

Le tribunal de commerce de Pau, qui était celui dans l'arrondissement duquel se trouvait le domicile de l'acheteur, et qui avait été saisi par celui-ci, retint la cause, malgré le déclinatoire proposé par Debucq et Godefroy. Ce tribunal, invoquant diverses considérations, déclarait que le marché avait été réellement conclu par le commis-voyageur, d'où il tirait la conséquence que l'action pouvait être valablement portée devant lui.

La Cour de Pau confirma cette décision ; mais son arrêt fut cassé : « L'article 420, dit la Cour de cassation, suppose nécessairement que la promesse n'est pas sérieusement contestée. Les conclusions des parties, en première instance et en appel, présentaient avant toute exécution de la convention alléguée, la question de savoir s'il y avait eu promesse de vente valablement faite à Laforcade au nom, et pour le compte de Debucq et Godefroy par le commis de ceux-ci, et si Laforcade pouvait exiger la livraison de la marchandise qu'il prétendait lui avoir été vendue. En se saisissant de la connaissance du fond pour arriver à statuer sur la compétence, alors que le fond était l'objet du litige, la cour impériale de Pau a faussement appliqué l'art. 420 C. proc., et violé tant ledit article que l'art. 59 du même Code (1). »

La Cour de cassation avait déja rendu une décision semblable, le 27 février 1856 (2).

188. — Toutefois, il ne suffira pas au défendeur, pour se soustraire à la juridiction de l'art. 420, de contester d'une manière quelconque la convention dont la preuve serait apportée par le demandeur. Si, par exemple, l'acheteur se présente avec un marché contracté par écrit entre lui et le commis-voyageur d'une maison de commerce ; si cette maison ne méconnaît ni l'existence de ce marché, ni les pouvoirs qu'elle a donnés à son commis pour traiter définitivement ; si elle ne se refuse à l'exécution qu'en op-

---

(1) 17 avril 1860 ; Dev., 60, 1, 314.
(2) Dev., 56, 1, 749 ; *Junge*, Angers, 10 février 1859.

posant des instructions restrictives par elle adressées à son préposé, et dont il n'est pas même allégué que l'acheteur ait eu connaissance, le tribunal de commerce du lieu du paiement pourra très bien, après avoir apprécié et constaté ces faits, en conclure que le marché n'est ni formellement dénié, ni sérieusement contesté, et retenir la connaissance de l'affaire. Les tribunaux ont le droit d'examiner si la contestation est sérieuse, et, comme le dit judicieusement la Cour de cassation, par cette appréciation, le tribunal saisi ne juge pas le fond, mais motive sa compétence (1).

189. — Il s'élève fréquemment, à l'occasion des ventes qui se font par l'entremise des commis-voyageurs, et sans aucune stipulation relative au lieu du paiement, des contestations dans lesquelles il s'agit de savoir si, lorsque la facture expédiée à l'acheteur, avec la marchandise, ou auparavant, énonce qu'elle est payable au domicile du vendeur, ce domicile devient le lieu où le paiement doit être fait ; et si, par conséquent, cette énonciation est attributive de juridiction au tribunal de commerce de ce lieu.

Deux opinions ont été émises :

D'une part, on a soutenu que la facture reçue sans

____

(1) Ch. civ., rej., 24 décembre 1861; Dev., 62, 1, 312.

réclamation par l'acheteur était la loi des parties relativement au lieu du paiement.

A l'appui de cette opinion, on invoque l'usage du commerce, suivant lequel les commerçants se font payer au lieu de leur résidence le prix des marchandises expédiées au dehors, usage si général, dit-on, que l'énonciation de ce lieu se retrouve dans toutes les factures, sans que les destinataires fassent jamais de réclamation à ce sujet.

D'une autre part, on répond que c'est au domicile du débiteur que le paiement, en thèse, doit être effectué; et que la facture, œuvre de l'expéditeur, et non des deux parties contractantes, ne peut modifier cette règle et produire l'effet de distraire l'acheteur de ses juges naturels (1).

La Cour de Toulouse a même été jusqu'à dire que, lors même que la facture aurait été acceptée, « la nature et l'essence de ce document étant de constater la nature, la qualité et le prix des marchandises expédiées, tout ce qui est en dehors de ces indications est sans importance, ou subreptice, et ne saurait, dès lors, avoir pour résultat de constituer un droit aussi important que l'est celui de déroga-

---

(1) *Voy.* Lyon, 5 février 1821.

tion aux règles ordinaires de la compétence (1). »

Ces deux opinions nous semblent trop absolues.

Et d'abord, nous ne croyons pas que l'usage que l'on invoque à l'appui de la première ait un caractère d'universalité tel qu'il doive faire loi.

D'un autre côté, s'il est vrai que le vendeur expéditeur ne puisse pas, par sa seule volonté, déterminer, ni changer le lieu du paiement, il peut cependant se faire que l'acheteur accepte celui qui est indiqué dans la facture. Cette acceptation peut même être tacite (2). Tout dépend donc des circonstances de chaque cause. Les juges apprécieront ces circonstances avec soin, et, d'après cette appréciation, il pourront tantôt décider qu'il y a acceptation tacite du lieu indiqué par la facture, tantôt que cette acceptation n'existe pas.

190. — Ainsi, par exemple, le vendeur expédie les marchandises en joignant à l'envoi une facture payable à son domicile, et à une époque fixée ; l'acheteur, au lieu de contester sur le lieu du paiement, se borne à réclamer contre le terme qui lui est assigné, ou à prier l'expéditeur de lui en accorder un plus éloigné. Les tribunaux pourront décider qu'il y a eu de sa part

-----

(1) 24 mai 1839; Dev., 39, 2, 472.
(2) Rouen, 8 juin 1838; Dev., 39, 2, 287.

acquiescement implicite et engagement pris de payer au lieu fixé par la facture.

191. — Les juges pourraient également voir une acceptation tacite du lieu de paiement indiqué par la facture dans le fait d'un acheteur qui aurait reçu les marchandises en partie, et qui aurait refusé le surplus, sans élever aucune réclamation contre les énonciations de cette facture (1).

Mais ils auraient aussi la faculté de ne pas reconnaître d'acceptation tacite de la part de l'acheteur dans cette hypothèse, et leur décision sur ce point ne saurait être soumise à la censure de la Cour de cassation (2).

192. — Des solutions diverses et opposées pourraient également, par appréciation des circonstances, être données, même dans le cas où l'acheteur aurait d'abord reçu sans réclamation la facture indiquant le domicile du vendeur pour lieu de paiement, et aurait ensuite refusé en totalité les marchandises expédiées.

Le 8 mai 1833, Cauvain-Gérin, de Lille, vendit par l'entremise de son commis-voyageur, à Galabert, de

____

(1) *Voy.* notamment : Limoges, 4 avril 1838 ; Douai, 13 déc, 1837 ; Dev., 38, 2, 468 ; Colmar, 18 juillet 1832 ; Dev., 35, 2, 207.

(2) Req., 21 avril 1830.

Castelnaudary, huit pièces de toile. Il ne fut rien stipulé relativement au lieu de paiement.

Le 18 août suivant, Cauvain-Gérin adressa à Galabert facture de six pièces de toile, au lieu de huit, nombre stipulé dans la commission, avec indication du paiement à Lille.

Galabert reçut cette facture sans réclamation. Il attendit l'arrivée des marchandises, qui lui parvinrent le 18 septembre suivant.

Il écrivit alors à Cauvain-Gérin qu'il ne pouvait les agréer, se plaignant de ce que l'envoi n'était conforme à la commission ni pour la quantité, ni pour la qualité.

Le 11 décembre 1833, assignation par Cauvain-Gérin à Galabert devant le tribunal de commerce de Lille.

Le 18 du même mois, Galabert l'assigna devant le tribunal de commerce de Castelnaudary.

Sur le pourvoi en règlement de juges, la Chambre des requêtes statua en ces termes :

« Attendu que Cauvain-Gérin prétend, à la vérité, qu'il avait été convenu que le paiement du prix des marchandises serait fait à Lille, mais qu'il ne rapporte d'autre preuve de cette convention que la facture par lui adressée à Galabert ; que rien ne constate que cette facture ait été acceptée par Galabert, qui a refusé de recevoir les marchandises à lui adressées, sur le double motif que l'envoi était incomplet, et que les marchandises étaient défectueuses ; — qu'ainsi, à défaut de preuve de la convention par lui alléguée, Cauvain-Gérin n'a pas pu distraire Galabert de ses juges naturels (1). »

La Cour d'Aix, au contraire, a reconnu une acceptation tacite de la part de l'acheteur, et décidé que le tribunal du lieu du domicile de l'expéditeur était compétent, dans l'espèce suivante :

Le 10 mai 1841, le commis-voyageur de la maison Pourtal, de Marseille, vend à Gendereau, de Paris, une pièce de vin de Malvoisie. Le 19 du même mois, le tonneau est expédié à l'acheteur avec la facture payable à Marseille. Le 20 juin, Gendereau écrit à Pourtal qu'il a reçu le vin, mais qu'il le laisse pour compte, parce qu'il n'est pas conforme à celui qu'il entendait acheter. Pourtal l'assigne en paiement devant le tribunal de Marseille. Gendereau décline la compétence. Jugement qui rejette le déclinatoire. Arrêt confirmatif : « Attendu que la facture de vin de Malvoisie, dont il s'agit, a précédé l'arrivée de la marchandise à Paris d'un espace de temps suffisant

____

(1) Req., 3 mars 1835 ; Dev., 35, 1, 209. *Voy.* aussi Limoges, 14 mars 1828, 15 mars 1838 ; Dev., 38, 2, 474.

et au-delà, pour que le commettant s'élevât contre son paiement, que cette pièce indiquait devoir être effectué à Marseille, s'il avait eu l'intention de refuser cette condition; — que ne l'ayant pas fait ni par lettres, ni autrement, il doit subir cette conséquence que la condition reste censée écrite dans le traité même (1). »

En vain disait-on que l'acheteur n'avait pu être obligé par la facture, qui était exclusivement le fait de l'expéditeur, et qu'en laissant la marchandise pour compte, il avait formellement décliné toute espèce d'obligation dérivant de cette facture; que ce refus était, par conséquent, exclusif de tout lieu de paiement. La Cour d'Aix vit, dans la réception de la facture sans réclamation, un acquiescement tacite à la condition concernant ce lieu ; et, si son arrêt eût été déféré à la Cour de cassation, il est probable que la Chambre des requêtes n'aurait pas admis le pourvoi, bien qu'elle ait refusé de reconnaître la compétence du tribunal du domicile de l'expéditeur dans l'espèce précédente.

Cependant, quelques auteurs prétendent que, par l'arrêt de règlement de juges du 3 mars 1835, la Chambre des requêtes a décidé qu'il n'y a de facture

______

(1) 24 juin 1842 ; Dev., 43, 2, 165.

acceptée que la facture acceptée d'une manière explicite ou expresse. Mais nous ne voyons rien, dans les termes de cet arrêt, qui autorise cette interprétation. D'ailleurs, la Chambre des requêtes elle-même, par un arrêt précité, du 21 avril 1830, déclarait que l'acceptation de l'acheteur n'avait pas besoin d'être expresse, et qu'il appartenait aux juges du fond d'apprécier l'étendue et les effets de cette acceptation (1).

193. — Quand la facture, fixant pour lieu de paiement le domicile de l'expéditeur, est acceptée tacitement par l'acheteur, ainsi que nous venons de l'expliquer, si l'expéditeur fait sur celui-ci une traite payable à son domicile, le lieu de paiement sera-t-il changé? Et, si la traite n'est pas payée, l'acheteur ne pourra-t-il plus être assigné que devant le tribunal de son domicile? Non; si la traite n'a pas été acceptée par l'acheteur, il n'y a eu aucune novation, aucune dérogation au titre primitif. On ne peut l'induire de la traite, qui n'est pour l'acheteur qu'un moyen facultatif de libération. L'effet n'étant pas payé, l'expéditeur reste créancier en vertu de la facture; et c'est au moyen de ce titre seul qu'il a le droit de poursuivre l'acheteur (2).

---

(1) *Voyez* encore sur ce point Req., 6 mars 1833 ; Dev., 33, 1, 438.

(2) Bordeaux, 16 novembre 1830; Dev., 31, 2, 141 ; Rouen, 19 jan-

Mais si la traite avait été acceptée par l'acheteur, il y aurait, selon nous, une novation qui changerait le lieu de paiement indiqué par la facture, et l'acheteur ne pourrait plus être assigné devant le tribunal de ce lieu.

194. — Les énonciations de la facture concernant l'indication du lieu de paiement, et les stipulations relatives au cas de solde des marchandises en acceptations de lettres de change, peuvent encore faire naître des difficultés assez graves. Mais nous devons nous arrêter : nous ne pourrions nous livrer à d'autres développements sans excéder, sinon les bornes de notre sujet, du moins les limites du plan que nous nous sommes tracé.

---

§ II.

Contestations entre les commis-voyageurs et les préposants, ou les tiers.

SOMMAIRE.

195. — Obscurité de la disposition de l'art. 634 C. comm.
195 *bis*. Quel est le tribunal compétent pour statuer sur l'ac-

---

vier 1839 ; Dev., 39, 2, 287. — *Voy.* aussi Rennes, 5 août 1849, pour le cas où c'est le tribunal du lieu où la promesse a été faite et la marchandise livrée qui doit connaître de la demande.

tion du commerçant qui prétend avoir fait avec
une personne une convention par laquelle elle
s'est engagée à voyager pour sa maison, si cette
convention est déniée par le défendeur?

196. — *Quid* de l'action formée par le patron contre le
commis?

197. — Suite.

198. — *Quid* de l'action formée par le commis contre le patron? Opinion en faveur de l'incompétence des Tribunaux de commerce; dissentiment.

199. — Incompétence des juges de paix pour statuer sur les
contestations entre les commis et les patrons.

200. — Le commis a-t-il la faculté de traduire le patron devant le tribunal civil? Affirmative.

201. — *Quid* lorsque le commis qui a acheté en son propre
nom peut être poursuivi?

202. — Le commis-voyageur qui achète ou loue des objets
mobiliers destinés à l'exercice de son industrie est-
il justiciable des tribunaux de commerce? Négative.

203. — *Quid* si un individu ne voyageait pas seulement
comme préposé d'une maison, mais aussi pour son
compte personnel, en se livrant au placement des
marchandises d'autres maisons, dont il recevrait
des commissions?

204. — La disposition du troisième alinéa de l'art. 420 C. pr.
civ. est-elle applicable aux contestations existant
entre le préposant et le commis-voyageur, à propos
du règlement de leurs intérêts respectifs? Décisions de la Cour de cassation, et des Cours de
Rouen et de Lyon; dissentiment; interprétation du
troisième alinéa de l'art. 420; solution.

195. — La disposition de l'art. 634 C. comm.,
qui porte que les tribunaux de commerce sont compétents pour connaître des actions contre les commis,

facteurs, etc., pour le fait seulement du trafic du marchand auquel ils sont attachés, a été, on le sait, diversement interprétée par la doctrine et par la jurisprudence (1).

195 *bis*. — Nous supposerons, dans les explications qui vont suivre, que la convention, par laquelle une personne non commerçante s'est engagée envers un négociant à voyager pour sa maison, est établie ou reconnue.

Si elle était déniée par le défendeur, et s'il s'agissait précisément de prouver cette convention pour contraindre celui-ci à l'exécuter, ou du moins pour obtenir contre lui des dommages-intérêts, le commerçant demandeur ne pourrait pas, en se basant sur l'art. 634, porter son action devant le tribunal de commerce. Le tribunal civil serait seul compétent. Ce n'est qu'autant que la qualité de commis est constante, que les règles de compétence dont nous allons parler peuvent être appliquées.

196. — Et d'abord, les tribunaux de commerce sont compétents pour connaître des actions formées contre les commis par les patrons eux-mêmes, pour le fait de leur trafic. L'art. 634 ne distingue pas, en

---

(1) *Voy.* nos *Répétitions écrites sur le Code de commerce,* p. 677, 3ᵉ édit.

effet, entre les actions dirigées par les tiers contre les commis, et celles qui sont intentées contre ces derniers par les patrons (1).

197. — Ainsi, par exemple, lorsqu'il s'agit d'une demande en règlement de compte formée par le patron contre le commis-voyageur, ou d'une action en paiement de reliquat de sommes, que ce préposé aurait touchées en sa qualité de commis, le tribunal de commerce est compétent (2).

Il serait également compétent pour connaître de l'action qui serait intentée par le patron contre le commis-voyageur, en restitution de valeurs qu'il prétendrait que celui-ci a détournées dans l'exercice de ses fonctions, ou de sommes qui lui auraient été confiées pour un emploi déterminé, et que le commis prétendrait avoir perdues (3).

198. — Mais les opinions sont plus divisées, quand il s'agit de l'action qui est formée par le commis contre le patron : la disposition ambiguë de l'art. 634, qui ne parle que des actions *contre* les commis, a conduit plusieurs auteurs et des cours à décider que les tri-

______

(1) *Voy.* Cass., 3 janvier 1828 ; Paris, 11 juillet 1844 ; Dev., 45, 2, 164 ; Montpellier, 24 janvier 1851 ; Dev., 51, 2, 518.

(2) En ce sens : Rouen, 13 mars 1847 ; Dev., 48, 2, 494 ; Bourges, 10 janvier 1823 ; *Contra*, Amiens, 21 décembre 1824.

(3) *Voy.* Paris, 12 décembre 1829; Lyon, 21 août 1856; D., P., 57, 2, 85.

bunaux de commerce n'étaient point compétents pour connaître des demandes dirigées par les commis contre leurs préposants.

Ces tribunaux, a-t-on dit, sont des tribunaux d'exception, et leur compétence doit être strictement limitée aux matières qui leur sont formellement attribuées par la loi. Or, les actions des commis contre les patrons ne sont point attribuées à la juridiction commerciale par les dispositions générales du Code de commerce, qui assignent à cette juridiction la connaissance des contestations entre commerçants, et celle des difficultés relatives aux actes de commerce entre toutes personnes, puisque, d'une part, les commis ne sont pas rangés dans la catégorie des commerçants, et que, d'autre part, les conventions intervenues entre un négociant et ses préposés ne peuvent être qualifiées actes de commerce.

Enfin, la disposition formelle de l'art. 634 n'a trait qu'à l'action intentée *contre* le commis.

C'est par ces motifs qu'il a été jugé, *v. g.*, que les tribunaux de commerce étaient incompétents pour connaître des actions formées contre les négociants par leurs commis, en paiement de leurs salaires : «Considérant, dit la Cour de Metz, que l'art. 634 du Code de commerce attribue, à la vérité, aux tribunaux de commerce la connaissance des actions contre les facteurs, commis des marchands ou leurs serviteurs, pour le fait seulement du trafic du marchand auquel ils sont attachés, mais n'établit aucun droit de réciprocité à cet égard en faveur de ceux-ci, pour le paiement de leurs gages ou salaires, et qu'il répugne, en effet, à la nature des choses, aux principes reconnus sur la matière, et à toutes les convenances, que le commis d'un négociant puisse avoir le droit de traduire, pour un semblable paiement, le négociant qui l'a employé, pardevant le tribunal de commerce, et de faire prononcer contre lui la contrainte par corps pour l'exécution des condamnations qu'il aurait obtenues (1).»

La même décision a eu lieu dans le cas où les salaires du commis-voyageur consistaient en un droit de commission sur les ventes réalisées (2).

L'opinion contraire nous a toujours paru mieux fondée :

Tout commerçant est, en effet, de plein droit justiciable des tribunaux de commerce pour les engagements relatifs à son négoce. Or, c'est pour son commerce, dans l'intérêt de son négoce, qu'un commerçant emploie ses commis-voyageurs ou autres préposés.

---

(1) 21 avril 1818.
(2) *Voy.* notamment : Nîmes, 28 juin 1839 ; Dev., 39, 2, 522; Rouen, 6 nov. 1845 ; Dev., 47, 2, 96.

Telle était déjà, d'ailleurs, la disposition de l'art. 5, tit. 12, de l'ordonnance de 1673, qui, sous le nom de facteurs, désignait aussi les commis (1).

C'est ce principe *qu'il faut reconnaître sur la matière*, quoiqu'en dise la Cour de Metz.

Quant aux considérations que cette cour invoque, en parlant des convenances qui ne permettraient point qu'un commis puisse traduire son patron devant la juridiction commerciale, et faire prononcer contre lui la contrainte par corps, nous ne voulons pas les réfuter : nous aimons mieux nous borner à faire observer qu'il n'existe, dans les lois sur la contrainte par corps, aucun texte qui défende de la prononcer au profit d'un commis contre un patron, ainsi que le législateur l'a quelquefois décidé à raison des liens existant entre certaines personnes. Cette observation doit suffire.

Il est vrai que les rédacteurs du Code de commerce n'ont pas reproduit la disposition de l'art. 5, du tit. 12 de l'ordonn. de 1673, et qu'ils se sont bornés à parler de l'action contre les commis : mais ils ont sans doute pensé que l'attribution à la juridiction commerciale résultait suffisamment de la règle générale de l'art. 631 C. comm., qui soumet les commer-

____

(1) *Voy.* Jousse sur cet article, n° 2.

çants à cette juridiction pour les faits de leur trafic, catégorie dans laquelle se trouvent évidemment compris les engagements contractés envers les personnes dont l'emploi est nécessaire pour l'exercice de leur négoce. Cette opinion est, du reste, consacrée par la jurisprudence de la Cour de cassation : « Vu les art. 631 et 634 C. comm.; attendu qu'il est constant, en fait, par l'arrêt attaqué, que le demandeur était attaché exclusivement à la maison commerciale du défendeur et *pour le fait du trafic;* — attendu, en droit, que les engagements qui résultaient des conventions intervenues entre les parties, se rattachant uniquement au fait du commerce auquel se livrait le patron, et auquel son commis était employé, étaient de la compétence des tribunaux consulaires; — attendu que les commerçants sont justiciables de ces tribunaux pour tous les faits de leur trafic, et que l'arrêt attaqué, en décidant que des conventions intervenues en vue, et dans l'intérêt de ce trafic, n'étaient pas de la compétence des tribunaux de commerce, a formellement violé l'art. 631 C. comm., et faussement appliqué l'art. 634 même Code (1). »

199. — Quelques auteurs, pour établir l'incompé-

____

(1) Cass., 10 février 1851 ; Dev., 51, 1, 737; Req., 15 déc. 1835 ; Dev., 36, 1, 333.

tence du tribunal de commerce, et pour soumettre à la juridiction des juges de paix les contestations entre les commis et les patrons, ont invoqué la disposition du n° 3 de l'art. 5 de la loi du 25 mai 1838, qui attribue à ces magistrats la connaissance des difficultés relatives aux engagements respectifs des maîtres et des domestiques, ou gens de service à gages (1). Cette opinion n'est que la conséquence de la qualification de domestiques, que ces auteurs donnent aux commis. Elle n'est point admissible (2). Elle a, d'ailleurs, été proscrite lors de la discussion de la loi de 1838.

200. — Toutefois, le commis-voyageur ne fait point un acte de commerce en louant ses services, nous l'avons déjà dit plusieurs fois; l'engagement qui intervient entre lui et son patron n'est commercial que d'un seul côté. Par conséquent, bien que le commis puisse traduire le patron devant le tribunal de commerce pour l'exécution de cet engagement, il a aussi la faculté de l'assigner devant le tribunal civil.

La Chambre des requêtes a consacré ce principe par un arrêt du 22 février 1859, ainsi conçu : « Con-

---

(1) *Voy.* notamment Curasson, *Traité de la compét. des juges de paix,* sur l'art. 5, § 2, n° 4.
(2) *Voy. Supra,* n° 12.

sidérant que, si l'art 634 C. comm., déclare que les
tribunaux de commerce connaîtront des actions contre les facteurs et commis des marchands, pour le
fait du trafic du marchand auquel ils sont attachés, il
ne s'ensuit pas nécessairement que les actions des
facteurs et commis contre les marchands ne puissent
être portées devant les tribunaux civils; — que, des
termes de l'art 631 même Code : « Les tribunaux de
« commerce connaîtront : 1° de toutes contestations
« relatives aux engagements et transactions entre
« négociants; 2° entre toutes personnes, des contes-
« tations relatives aux actes de commerce, » il résulte que, pour que la juridiction de ces tribunaux
soit forcée, il faut, ou que le demandeur et le défendeur soient commerçants, ou que la contestation soit
relative à un acte de commerce réputé tel à l'égard
de l'une et de l'autre des parties; — que celle des
parties qui n'a pas la qualité de commerçant, et à
l'égard de laquelle l'engagement ou le fait litigieux
n'a pas le caractère d'un acte de commerce, ne peut
être contrainte d'appeler le défendeur devant le tribunal de commerce, sous le prétexte que la qualité du
défendeur, ou le caractère de l'engagement ou du
fait litigieux, par rapport à celui-ci, le soumettrait à
cette juridiction d'exception...... que les tribunaux
ordinaires, *ayant juridiction entière et vrai détroit et*

territoire, ont une compétence générale qui ne cesse pas à raison de la qualité de commerçant du défendeur vu le caractère commercial, par rapport à celui-ci seulement, du fait litigieux, lorsque ce fait leur est soumis, comme fait civil, par le demandeur, à l'égard duquel il a réellement ce caractère (1).»

Pour soutenir que le tribunal de commerce était exclusivement compétent, on disait, devant la Chambre des requêtes, que le caractère commercial du contrat intervenu entre le commis et le patron existait aussi bien vis-à-vis de l'un que vis-à-vis de l'autre. Mais la Cour a repoussé, avec juste raison, ce système (2).

Il est vrai que le patron peut assigner le commis devant le tribunal de commerce ; mais ce n'est point parce que ce dernier fait un acte de commerce en engageant ses services : cette disposition a été dictée par des motifs de célérité ou d'autres, qui ne peuvent avoir aucune influence sur la décision que nous venons de faire connaître.

201. — Nous avons vu que, si le commis-voyageur traitait en son propre nom — ce qui arrivera assez rarement — il pouvait être obligé et poursuivi,

---

(1) Dev., 59, 1, 321 ; J. P., 1859, p. 945.
(2) *Voy. Supra*, nᵒˢ 10 et 60.

dans certaines circonstances que nous avons expliquées (1).

L'action qui serait alors intentée par le tiers, avec lequel il aurait traité, serait de la compétence des tribunaux de commerce. M. Locré dit même que c'est pour le cas où les commis sont personnellement obligés, et pour prévenir les doutes sur ce point, que la disposition de l'art. 634 du Code de commerce a été édictée (2).

202. — Mais le commis-voyageur qui achète ou loue des objets mobiliers destinés à l'exercice de son industrie, est-il pour ces faits justiciable des tribunaux de commerce?

En thèse, ce préposé, nous le savons, n'est point commerçant; et, par conséquent, en achetant ou en louant des objets mobiliers destinés à l'exercice de sa profession, il ne peut être réputé avoir fait un acte de commerce. L'achat ou la location qu'il fait ne sont que des actes accessoires de son industrie.

Or, toutes les fois que les choses achetées, telles que des outils ou autres instruments, ne sont que l'accessoire d'un travail qui, en lui-même, n'est pas

____

(1) *Voy. Supra*, nᵒˢ 118 et 119.
(2) *Espr. du Cod. de com.*, liv. IV, tit. II, 3ᵉ part., 1ᵉʳ div., vol. VIII, p. 247.

réputé commercial, l'achat de ces outils ou instruments ne saurait être considéré comme un acte de commerce : « Les ventes d'outils et autres instruments de travail, dit Jousse, faites par des marchands à des artisans ou gens de métier, ne sont pas de la compétence des juridictions consulaires (1). » Ce que dit Jousse des achats faits par les artisans et les gens de métier doit s'appliquer au cas où la chose achetée n'est, comme dans l'espèce, que l'accessoire d'un louage de services, et d'une profession qui n'a aucun caractère commercial.

C'est ainsi que la Cour de Bordeaux a jugé que le commis-voyageur qui loue un cheval, à l'effet de voyager pour sa maison, ne fait point un acte qui le rende justiciable du tribunal de commerce (2). La même décision devrait être donnée dans le cas d'achat d'un cheval que le commis destinerait à ses voyages.

203. — Cependant, si un individu ne voyageait pas seulement comme préposé dans l'intérêt d'une maison de commerce, mais bien aussi pour son compte personnel, en se livrant au placement des marchandises d'autres négociants, dont il recevrait des com-

---

(1) Notes sur l'art. 4. du tit. 12 de l'ord. de 1673.
(2) 5 mars 1831.

missions, il serait réputé avoir fait acte de commerce, et soumis à la juridiction commerciale, à raison des achats d'objets mobiliers destinés à l'exercice de son industrie, tels qu'une voiture pour le transport de ses échantillons.

Cet individu, en plaçant, moyennant commission, les marchandises de plusieurs négociants, devient en ce point commissionnaire, et se livre ainsi habituellement à des actes de commerce. En un mot, il est commerçant ; et dès que la chose achetée est destinée à accomplir ou faciliter des opérations qui constituent une profession commerciale, l'achat doit être considéré comme commercial (1).

204. — Nous terminons en recherchant si la disposition de l'art. 420 C. pr. civ. est applicable aux contestations existant entre le préposant et le commis-voyageur à propos du règlement de leurs intérêts respectifs, de telle sorte que si, *v. g.*, le lieu du paiement était autre que celui du domicile du défendeur, le tribunal de commerce de ce lieu pourrait être saisi.

La tendance de la jurisprudence, malgré quelques arrêts contraires, paraît être de décider que les règles de compétence, établies par l'art. 420 C. pr. civ.,

______

(1) *Voy.* Req., 1er déc. 1851; *J. P.*, vol. II, 1852, p. 496.

ne sont pas restreintes au cas de vente ou d'achat
de marchandises, et qu'elles s'appliquent à toutes
les contestations commerciales dans lesquelles il s'agit
d'une livraison ou d'un paiement à faire (1).

C'est par suite de cette doctrine que la Cour de
Rouen a jugé qu'une demande en règlement de
compte, formée par un patron contre son commis-
voyageur, pouvait être portée devant le tribunal de
commerce du domicile du patron, lorsque, non seulement c'était au lieu de ce domicile qu'était intervenue
la convention qui avait déterminé la mission confiée
au commis-voyageur, mais encore que c'était dans ce
même lieu que devait être fait le règlement et, par
suite, le paiement du reliquat (2).

La Cour de Lyon a aussi décidé que le commis-
voyageur était soumis à la juridiction du tribunal de
commerce du domicile de la maison qui l'emploie,
pour toutes les difficultés qui naissent de l'exécution
de son mandat (3). Il est vrai que, dans l'espèce, le
commis-voyageur, cité devant le tribunal de commerce du domicile de ses patrons, avait répondu à

---

(1) *Voy.* notamment : Req., 13 mai 1857 ; J., P., 1858, p. 702. —
Voy. cependant Req., 22 mai 1854 ; J., P., 1856, t. Ier, p. 525.

(2) 13 mars 1847 ; Dev., 48, 2, 494. — *Contra*, Bordeaux, 17 juillet 1846 ; Dev., 48, 2, 431.

(3) 8 juillet 1846 ; J. P., 1846, vol. II, p. 563.

cet appel, et même organisé un tribunal arbitral, auquel toutes les parties avaient conféré des pouvoirs souverains. On pouvait, dès lors, dire, jusqu'à un certain point, qu'il avait reconnu la compétence du tribunal, et qu'il ne lui était plus permis de la décliner.

Mais nous lisons, dans l'arrêt de la Cour, le considérant suivant, qui ne laisse aucun doute sur la doctrine qu'elle entend suivre : « Attendu que, dans de pareilles circonstances, il ne serait ni naturel, ni juste, d'exiger que des chefs de commerce suivissent de ville en ville un voyageur nomade, pour l'obliger à rendre compte de ses actes, au lieu d'assujettir celui-ci à venir éclairer et faire apurer ses opérations dans le lieu où il reçut son mandat. »

Nous ne pouvons point partager l'opinion consacrée par ces décisions des Cours de Rouen et de Lyon.

D'abord, nous ne pensons pas qu'il soit exact de dire que la disposition de l'art. 420 du Code de procédure, qui permet d'assigner devant le tribunal de commerce, dans l'arrondissement duquel le paiement doit être fait, s'applique à toutes les conventions commerciales, alors même que la somme due ne serait pas le prix de marchandises livrées. Selon nous, le troisième paragraphe de l'art. 420 se réfère limitativement aux contestations relatives à des marchandises livrées et non payées, et dont le paiement peut être poursuivi devant le tribunal de commerce, dans l'arrondissement duquel il devait être effectué.

Comme l'opinion contraire est adoptée par de graves autorités, et tend à s'accréditer, nous croyons qu'il n'est pas inutile d'insister sur ce point.

La règle consacrée par l'art. 420 a été puisée dans notre ancien droit. Or, les anciens auteurs, en parlant du lieu du paiement, se référaient toujours à des marchandises livrées et non payées. Ainsi, Bacquet, après avoir fait observer qu'en règle générale c'était au domicile du défendeur que l'action personnelle devait être portée, ajoutait : « Pour à quoi obvier, plusieurs juges et consuls des marchands, comme de cette ville de Paris, d'Orléans et autres, ont obtenu lettres vérifiées en la cour, pour avoir connaissance *des marchandises vendues et livrées en leur ville, ou promises d'être livrées en leur ville, ou* DESQUELLES *le paiement est destiné en leur ville* (1). »

C'est dans le même sens que la disposition de l'art. 17 du tit. XII de l'ordonnance de 1673 fut conçue : « Dans les matières attribuées aux juge et consuls, le créancier pourra donner l'assignation, à son

---

(1) *Traité des droits de justice*, ch. VIII, n° 27.

choix, ou au lieu du domicile du débiteur, ou au lieu auquel la promesse a été faite, et la marchandise fournie, ou au lieu auquel le paiement doit être fait. »

On a cependant prétendu que le texte de l'ordonnance n'était pas ainsi interprété par les auteurs qui l'ont expliquée, et qu'il n'y avait rien dans ses termes qui puisse faire supposer un lien nécessaire entre les deux dispositions, dont l'une parle de la marchandise livrée, l'autre du paiement à effectuer (1).

Nous soutenons, au contraire, que notre interprétation était généralement donnée. Ainsi, par exemple, Savary s'exprimait en ce sens d'une manière très précise : « La disposition de cet article, disait-il, est très avantageuse pour la manutention du commerce, parce que des négociants qui vendent leurs marchandises dans les provinces, ne pouvoient jamais faire payer leurs débiteurs ; car, par exemple, un négociant de Paris qui avait vendu et envoyé des marchandises à un marchand de Bordeaux, s'il voulait le poursuivre en justice, il fallait qu'il se pourvût en première instance pardevant le juge-consul de Bordeaux, et par appel au Parlement dudit lieu. Mais, suivant la disposition de l'art. ci-dessus allégué, un marchand de Paris aura le choix de faire assigner un marchand

____

(1) M. Bourbeau, *Théorie de la proc. civ.*, vol. VI, p. 206.

de Bordeaux, son débiteur, pardevant les juge et consuls de Paris, qui est le lieu où la marchandise a été vendue et d'où elle a été envoyée. » Puis, Savary ajoutait : « Il en est de même pour les billets ou promesses payables en un autre lieu que la marchandise aura été vendue et livrée; car, par exemple, un négociant de Paris qui aura vendu de la marchandise à un marchand de Bordeaux, *pour la valeur de laquelle il lui aura fait son billet à Paris pour payer à Bayonne, suivant la disposition de l'article,* le négociant de Paris peut traduire et faire assigner à Bayonne celui de Bordeaux, *qui est le lieu où le paiement doit être fait des marchandises à lui vendues* (1). »

En présence de ces explications du principal rédacteur de l'ordonnance de 1673, il n'est plus permis de douter du sens de l'art. 17 du titre XII de cette ordonnance, et de soutenir qu'il n'y avait pas une relation nécessaire entre les deux dispositions qui nous occupent.

L'art. 420 Code pr. civ. n'est, pour ainsi dire, que la reproduction de cette ancienne disposition et n'a pas un autre sens. A l'époque de la rédaction de cet article, voici ce que disait le tribunal de commerce de Genève : « La faculté laissée au demandeur de porter

---

(1) *Parfait Négociant*, 2e part., liv. Ier, ch. VIII, p. 106 et suiv.

sa demande devant le tribunal de commerce dans l'arrondissement duquel le paiement devait être effectué, ne saurait s'entendre que pour le paiement de la marchandise, et ce sens résulte naturellement du paragraphe qui précède... On demande donc que le troisième paragraphe soit rédigé comme il suit : Devant le tribunal dans l'arrondissement duquel le paiement devait être effectué. » — M. Locré rappelle ces observations, et il ajoute : « En reprenant la rédaction de l'ordonnance, on a rempli le vœu de ce tribunal (1). »

Cette interprétation de l'art. 420 Code pr. contredit la doctrine consacrée par l'arrêt de la Chambre des requêtes du 13 mai 1857 précité, et détruit la base sur laquelle reposent les décisions des Cours de Rouen et de Lyon. Quoique le règlement de compte et le paiement du reliquat doivent être faits au domicile du patron, dès qu'il ne s'agit point d'un paiement relatif à des marchandises livrées et non payées, l'action doit être portée devant le tribunal du domicile du défendeur.

Quant à la considération invoquée par la Cour de Lyon, et qui consiste à dire que l'on ne peut pas obliger un patron à suivre de ville en ville son voya-

____

(1) *Espr. du Code de comm.*, liv. IV, tit. III, § 3.

geur pour lui faire rendre compte de ses actes, elle n'a pas à nos yeux la valeur d'un raisonnement juridique. Si le voyageur n'avait ni domicile ni résidence, on comprendrait que le patron pût le traduire devant le tribunal de son propre domicile (1); mais, dès que le commis-voyageur a un domicile, le patron ne peut l'assiguer ailleurs, sans contrevenir à la règle géné-rale, *actor sequitur forum rei,* consacrée par le premier alinéa de l'art. 59 du Code de procédure civile.

(1) *Voy.* Pigeau, *proc. civ.*, liv. II, part. 1, tit. II, ch. Ier, vol. Ier, p. 100.

APPENDICE.

___

DES

REPRÉSENTANTS DE COMMERCE.

___

SOMMAIRE.

1. — Observations préliminaires.

1. — Il existe, sur presque toutes les places qui ont quelque importance, un grand nombre d'agents connus sous la dénomination de *Représentants de commerce*. Ces agents achètent ou vendent pour le compte des commerçants, moyennant une remise proportionnelle sur le prix des opérations. Ils n'ont ordinairement ni boutique, ni magasin. Ils sont seulement dépositaires d'échantillons. Ils se chargent aussi de tenir les commerçants du dehors au courant de la situation de la place où ils résident, de les instruire du mouvement des prix et des marchandises.

Cette industrie répond à un besoin réel du commerce. Il importe, en effet, aux commerçants de pouvoir se faire représenter sur toutes les places où leurs intérêts les appellent, et où ils ne peuvent se rendre en personne. Il leur importe d'avoir des renseignements exacts et précis sur ce qui se passe dans ces différentes places. Ils trouvent, dans les représentants de commerce, des auxiliaires qui concluent les opérations, leur procurent toutes les indications nécessaires, les dispensent d'établir des succursales, et leur épargnent ainsi des frais considérables.

Et ce n'est pas seulement dans les villes où il n'y a pas de courtiers que l'industrie des représentants est utilisée par le commerce; mais même dans les places où ces officiers publics sont institués, les représentants de commerce sont souvent employés de préférence par les commerçants, qui ont sans doute pensé rencontrer chez ces mandataires, sinon plus de zèle, du moins certaines conditions plus favorables à leurs intérêts.

Nous nous proposons de faire connaître le caractère de ces utiles agents, et de tracer les limites dans lesquelles ils doivent se renfermer en exerçant leur industrie; nous exposerons ensuite les principes qui régissent le contrat formé entre les représentés et les représentants. Ce sera l'objet des deux sections de cet appendice.

SECTION I.

Caractère du représentant de commerce, et limites légales de son industrie.

SOMMAIRE.

2. — Comment le représentant de commerce agit.

3. — Première différence entre le représentant et le commissionnaire. — Observations sur les art. 91 et 92 du Code de commerce.

4. — Suite : deuxième point de différence. — Le représentant de commerce ne doit pas être confondu avec le préposé.

5. — Le représentant de commerce n'est point commerçant. Opinion contraire de M. Foureix ; réfutation.

6. — Distinction entre le mandat des représentants de commerce et celui des courtiers de marchandises ; privilége de ces officiers publics ; dans quelle circonscription il s'exerce.

7 — Attributions respectives des représentants et des courtiers de marchandises.

8. — Suite : rôle des courtiers de marchandises ; leur privilége ne fait point obstacle à l'emploi d'un mandataire.

9. — Suite : c'est le caractère des opérations qu'il faut apprécier pour reconnaître si le représentant a empiété sur les attributions des courtiers.

10. — Limites de l'exercice de l'industrie des représentants de commerce.

11. — Suite : nécessité d'un pouvoir spécifiant les opérations, et d'une autorisation de traiter d'une manière ferme.

12. — Suite : de la défense faite au représentant de commerce d'en référer à son mandant pour lui faire accepter de nouvelles conditions proposées par les tiers; objections contre ce principe; différence sur ce point entre le commis et le représentant de commerce.

13. — Suite : *Quid* du représentant qui conclut un marché en dehors des conditions de son mandat, et qui obtient ensuite la ratification de son mandant? Distinction.

14. — Suite : le représentant peut traiter pour son propre compte après l'expiration de son mandat, et céder ensuite le marché à celui qu'il représentait.

15. — Suite : l'opération, dans le cas précédent, doit être sincère.

16. — Suite : *Quid* si le représentant qui n'a aucun pouvoir de la maison qu'il représente habituellement, porte une opération à la connaissance de cette maison, et la conclut sur l'ordre qu'il en reçoit? Distinction.

17. — Suite : *Quid* si le représentant reçoit une rétribution par égales portions des deux parties?

18. — Suite : *Quid* si l'opération dans laquelle le représentant s'entremet est faite entre deux commerçants dont l'un est étranger à la place où elle s'effectue?

19. — Suite : le représentant qui reçoit dans un lieu privilégié un ordre, sans pouvoir de conclure, pour être exécuté en un lieu libre, commet-il le délit de courtage illicite? Négative.

20. — Suite : *Quid* si un seul acte d'entremise a lieu de la part du représentant dans le lieu privilégié? Affirmative.

21. — Suite : ce qui constitue l'immixtion. Erreur de M. l'avocat-général Darnis.

22. — Suite : un représentant de commerce peut être employé comme intermédiaire par un propriétaire pour la vente des denrées provenant de son crû.

23. — Suite : le représentant de commerce peut représenter plusieurs maisons.

24. — Suite : il ne peut pas s'excuser d'un acte d'entremise en prouvant qu'il est l'associé d'un courtier.

25. — Ni dans le cas où un courtier lui aurait prêté son nom.

26. — Ni dans celui où il aurait fait en même temps des négociations interdites aux courtiers.

27. — De l'action en indemnité des courtiers contre le représentant qui a fait des actes de courtage illicite.

28. — Par qui elle est exercée ?

29. — Nullité des négociations faites par des intermédiaires sans qualité dans les villes où il existe des courtiers.

30. — Actes interdits aux courtiers et permis aux représentants de commerce.

31. — Les représentants d'une place de commerce sont-ils recevables à intenter une action en dommages-intérêts contre les courtiers auxquels ils imputeraient des actes qui leur sont interdits ?

32. — Observations historiques et critiques sur la législation qui régit les courtiers de marchandises et les représentants de commerce.

2. — Pour apprécier le caractère du représentant de commerce, il faut dire d'abord quels sont les actes auxquels il se livre et comment il agit. Or, cet agent achète ou vend, moyennant une remise proportionnelle, des marchandises, pour le compte des commerçants, en traitant en leur nom, en vertu des procurations qui lui sont données. Ainsi, il est, comme son nom l'indique, un mandataire chargé, moyennant une rétribution, de représenter les commerçants dans

les opérations qu'ils lui confient, de les activer, de les conclure.

Quand il achète ou quand il vend, il déclare qu'il est le mandataire ou le représentant de *tel* négociant, et que l'achat ou la vente sont consentis pour le compte de ce négociant, au nom duquel il traite en vertu de la procuration qu'il en a reçue.

3. — Mais alors ne peut-on pas objecter que le représentant de commerce est un commissionnaire? Les opérations de ce dernier consistent souvent, en effet, dans l'achat ou la vente de marchandises pour le compte d'un commettant, moyennant un droit de commission convenu. Il agit, comme le représentant de commerce, en vertu de la procuration qui lui est donnée; il est comptable comme lui.

Néanmoins, le représentant de commerce ne traite pas en son propre nom, mais au nom du représenté; et c'est là une première différence qui existe entre cet agent et le commissionnaire, si l'on adopte, en thèse, l'opinion suivant laquelle il n'y a contrat de commission qu'autant que celui qui est chargé de l'affaire traite en son propre nom pour le compte d'un commettant.

Toutefois, cette opinion est controversée; quelques auteurs pensent qu'il existe deux espèces de commissionnaires : celui qui traite en son propre nom pour le compté d'un commettant, et celui qui agit au nom de ce dernier ; qu'il y a *mandat* quand l'opération est civile, et *commission,* quand elle est commerciale (1).

Nous ne sommes point partisan de ce système :

Le projet de Code de commerce, soumis aux tribunaux et conseils de commerce, reconnaissait aussi deux espèces de commissionnaires ; l'art. 55 était ainsi conçu : «Il y a deux sortes de commissionnaires : celui qui agit au nom du commettant, en vertu d'un pouvoir spécial ; celui qui agit en son propre nom, ou sous un nom social, pour le compte du commettant.» L'article 56 du même projet ajoutait : «Les devoirs et les droits du commissionnaire qui agit au nom du commettant sont déterminés par le Code civil.»

Si cette rédaction avait été conservée, la difficulté serait bien simplifiée. Mais elle fut critiquée par plusieurs tribunaux et conseils de commerce : le tribunal de Marseille, notamment, faisait observer que celui qui agit pour autrui, en vertu d'une procuration, ne pouvait pas être considéré comme un commissionnaire, que c'était un mandataire, et, en conséquence, il demandait que l'art. 55 fût réduit à sa

---

(1) MM. Delamarre et Lepoitvin, t. 1, n°s 23, 24 ; Duranton, XVIII, n° 198 ; *voy.* M. Troplong, *Mandat,* n°s 520 et suiv.; 531, 544 et suiv.

seconde disposition, et que l'art. 56 fût supprimé (1).

Dans le remaniement qui eut lieu de l'art. 55, on supprima, en effet, le premier alinéa de cet article, qui énonçait qu'il y avait deux sortes de commissionnaires, et le second, qui reconnaissait la qualité de commissionnaire à celui qui agit au nom du commettant; et on reproduisit seulement la rédaction proposée par le tribunal de Marseille : «Le commissionnaire est celui qui agit en son propre nom, ou sous un nom social, pour le compte d'un commettant.»

Toutefois, au lieu de suivre le conseil donné par ce tribunal, et de supprimer l'art. 56, on le laissa subsister en entier; et M. Locré nous apprend que ces dispositions ne furent l'objet d'aucune observation au sein du Conseil d'Etat (2).

Il est donc probable que c'est par suite d'un oubli fâcheux que l'on conserva l'art. 56, devenu l'art. 92 du Code de commerce, sur les termes duquel les partisans de l'opinion contraire à la nôtre s'appuyent pour soutenir que celui qui traite au nom de la personne qui lui a donné un mandat est un commissionnaire, lorsque l'opération est commerciale.

----

(1) *Observ. des trib. sur le projet de Code de comm.*, vol. II, 2ᵉ part., p. 35.

(2) *Législ. civ. et comm.*, vol. XVII, p. 107 et suiv.

Nous avons déjà professé, dans les trois éditions de nos *Répétitions écrites sur le Code de commerce*, la doctrine que nous exposons ici. Elle est aussi consacrée par la jurisprudence : « Le commissionnaire commercial proprement dit, est l'intermédiaire qui conclut en *son propre nom,* s'oblige seul, peut seul être actionné ou actionner, et qui est tenu envers son commettant; et le mandataire est l'intermédiaire qui opère *au nom et pour le compte de son mandant,* lequel est seul obligé, sauf stipulation contraire. » Telles sont les expressions d'un arrêt de la Cour de cassation (1).

Le représentant de commerce qui, en règle générale, agit au nom du représenté, diffère donc, en ce premier point, du commissionnaire, qui traite en son propre nom.

4. — Une seconde différence entre ces deux agents consiste en ce que les pouvoirs du représentant de commerce se perpétuent, ou se renouvellent, en général, sans qu'il lui faille, comme au commissionnaire, autant de mandats qu'il y a d'opérations à conclure. Le mandat du représentant de commerce

______

(1) Ch. crim., 24 juillet 1852 ; Dev., 52, 1, 584. — *Voy.* aussi Ch. crim., rej. 30 avril 1853 ; Dev., 53, 1, 798 ; Rouen, 24 décemb. 1852 ; Dev., 53, 2, 254. — *Junge :* MM. Pardessus, n° 41 et 563, 5ᵉ édit.; Bravard, *Manuel,* p. 156, 5ᵉ édit.

s'étend ordinairement à plusieurs actes successifs; celui du commissionnaire est spécial, et expire dès que la négociation est terminée.

Le représentant de commerce ne doit cependant pas être confondu avec le commis ou préposé. Le mandat de ce dernier comprend bien aussi des actes successifs, et, en ce point, il ressemble au représentant de commerce; mais il en diffère en ce qu'il consacre exclusivement à son préposant son temps et son travail. Le représentant de commerce n'est point attaché à une seule personne, à une seule maison. Il peut représenter et il représente souvent en même temps plusieurs commerçants de la même place ou de places différentes.

Une maison de commerce peut confier exclusivement à un individu résidant dans une autre place la vente de ses marchandises, en lui abandonnant l'ensemble des ventes auxquelles il devra consacrer tout son temps et tous ses soins, et qu'il effectuera *pro arbitrio;* rien ne s'y oppose, et il y en a, dans le commerce, des exemples assez nombreux. Mais cet agent sera un préposé; ce ne sera point un représentant de commerce; ce ne sera point cet agent que la loi du 4 juin 1858 a assujetti nominativement à un droit de patente.

Il peut se faire qu'une personne, résidant dans une place de commerce, se soit engagée, sous les condi-

tions et en recevant les pouvoirs dont nous venons
de parler, à être le *représentant* d'un commerçant
d'une autre place pour la vente des marchandises
qui lui seront envoyées; eh bien, quoique le mot
représentant soit formellement écrit dans la convention, cette personne devra être considérée comme un
préposé.

A plus forte raison en serait-il de même si, dans
l'espèce, outre des droits de commission sur les opérations, un traitement fixe et une indemnité de logement étaient stipulés (1).

En somme, le représentant de commerce diffère du
commissionnaire par la manière dont il traite avec les
tiers, et souvent par la généralité de son mandat; et
du préposé, par son indépendance vis-à-vis de son
mandant, par la liberté qu'il a de représenter plusieurs
personnes à la fois.

M. Foureix signale d'autres traits qui, selon lui,
établiraient une profonde ligne de démarcation entre
le représentant de commerce et le commissionnaire :
« Le commissionnaire, dit-il, est un commerçant pour
son propre compte; il a des magasins, des entrepôts,
des commis et des employés à son service. — Il trafique pour son compte et pour le compte d'autrui. —

____

(1) Lyon, 8 juillet 1846.

Il reçoit les marchandises d'autrui en consignation, et fàit des avances sur le prix qu'il en retirera par la vente. —Il a un privilége pour ses avances sur les marchandises à lui expédiées d'une autre place pour être vendues pour le compte d'un commettant (art. 93 et 94 C. comm.). — Le représentant, au contraire, n'a, en général, ni boutique, ni magasin, ni commis...; il vend sur échantillon les marchandises de ses mandants, moyennant une remise proportionnelle sur les prix de vente, ou il achète pour ses mandants, moyennant une remise proportionnelle sur les prix des achats.... Le cadre de notre travail n'exige pas que nous en disions davantage sur ces distinctions (1). »

Faut-il le dire? Toutes ces distinctions sont impuissantes à caractériser le représentant de commerce, ou, du moins, à préciser la différence qui existe entre cet agent et le commissionnaire. Peu importe que ce dernier négocie, ou non, pour son propre compte, en dehors de ses opérations de commission ; qu'il ait des magasins, des entrepôts, des commis ; peu importe qu'il reçoive des marchandises en consignation. Sans doute, c'est ainsi que les choses se passent le plus souvent ; et, d'un autre côté, le représentant de com-

____

(1) *Des représentants de commerce*, n° 40.

merce ne se livre, en général, à aucune de ces opérations. Mais ce n'est point par ces actes accessoires que
l'on peut déterminer le caractère de ces agents. Un
individu pourrait très bien se livrer à des actes de
commission, sans trafiquer pour son compte, sans
prêter sur consignation; et un représentant de commerce pourrait aussi quelquefois négocier pour son
compte, prêter sur consignation, sans que pour autant
les actes de sa profession en fussent dénaturés.

Quant au privilége qui, selon M. Foureix, appartient au commissionnaire, et est refusé au représentant, on ne peut rien en conclure; ce n'est là que la
conséquence du caractère attribué à l'un et à l'autre
de ces agents. Ce n'est donc pas par l'existence ou par
l'absence de ce privilége que l'on peut reconnaître ce
caractère. Ce n'est point parce que le commissionnaire
a un privilége qu'il est réputé commissionnaire, mais
parce qu'il a cette qualité qu'il jouit de cette faveur.

5. — L'incertitude de la doctrine de M. Foureix se
révèle, du reste, dans les propositions qu'il émet pour
résoudre la question de savoir si le représentant est
commerçant : « Le représentant de commerce, dit-il,
tel que la pratique et la *loi* nous le montrent, est
évidemment un commerçant. Il fait journellement des
actes de commerce; sa *profession* est tour à tour et
souvent en même temps, *une entreprise de commission,*

et un trafic de marchandises d'un *patron* par un *commis* ou un *mandataire salarié* (1). »

Disons d'abord qu'un commis n'est point un simple mandataire salarié. Si un commis a cette qualité dans ses rapports avec les tiers, il est un locateur d'ouvrage dans ses rapports avec le patron auquel il s'est attaché moyennant un salaire. Mais nous ne voulons pas insister ici sur ce point. Nous aimons mieux essayer de démontrer ce qu'il y a de contradictoire dans la doctrine que nous critiquons.

M. Foureix, qui signale dans sa brochure (2) des traits *radicaux*, lesquels, selon lui, *distinguent, à ne pas les confondre*, le représentant et le commissionnaire, nous dit maintenant (3) que la *profession* du représentant est souvent une *entreprise de commission*. Mais si le représentant est souvent un commissionnaire, que deviennent alors les traits distinctifs que l'auteur signale au n° 40 de cette même brochure ?

Sans doute il peut se faire qu'un représentant de commerce se livre à un ou plusieurs actes de commission, en traitant en son propre nom pour le compte d'un ou de plusieurs commettants ; mais, dans ce

____

(1) N° 70; *voy.* aussi n°ˢ 72, 73.
(2) N°ˢ 37 et 40.
(3) N° 70.

cas, il agit en qualité de commissionnaire. Si même
ces actes sont assez nombreux, sont assez multipliés,
pour que les tribunaux y voient l'exercice de sa profession habituelle, ils considéreront cet agent comme
commerçant. Remarquons-le bien, ce n'est point
comme *représentant* qu'ils le déclareront commerçant, mais comme *commissionnaire* (1). Il serait peu
rationnel, quand on se demande si un représentant de
commerce est commerçant, de répondre affirmativement, par le motif qu'il se livre habituellement à des
actes de commission.

Il nous paraît plus exact de dire que le représentant, qui reste dans les limites normales et ordinaires
de sa profession, ne peut être considéré comme commerçant; il n'est qu'un auxiliaire pour les actes de
commerce, mais il ne fait point lui-même d'opérations commerciales. Il ne serait pas non plus possible
de décider qu'il est commerçant, quand même, comme
le fait M. Foureix, on l'assimilerait à un commis, ce
qu'il faut, du reste, soigneusement éviter : Le commis
qui s'attache à une maison, qui lui loue ses services,
ne fait pas évidemment des actes de commerce sa profession habituelle. »

« Il faut tenir pour certain, ajoute M. Foureix, que

---

(1) Art. 1 et 632 3° C. com.

la représentation constitue des actes de commerce. Quelques efforts que fassent les représentants rebelles pour échapper à cette qualification, ils n'y échapperont pas, parce que les faits sont plus forts que les raisonnements (1). »

Nous ne savons de quels faits l'auteur entend parler ; mais nous pensons, toutefois, qu'en droit, les raisonnements qui sont basés sur les principes, méritent d'être pris en sérieuse considération. Disons mieux : c'est après avoir apprécié sainement les faits que l'on doit, à l'aide du raisonnement, appliquer les principes : or, nous croyons être dans le vrai, en ne voyant dans les représentants de commerce que des mandataires agissant habituellement au nom des commerçants ; que des agents qui ne sont, en thèse, ni des commissionnaires, ni des commis ou préposés ; en ne voyant en eux que des auxiliaires, qui ne font aucun acte de commerce en leur nom, ou pour leur propre compte, et qui, par conséquent, ne doivent pas être réputés commerçants, puisqu'ils ne peuvent être compris dans les dispositions limitatives des art. 631 et suivants du C. de comm. (2). On ne peut pas se prévaloir, contre notre opinion, de ce que le repré-

----

(1) N° 74.
(2) Nous reviendrons sur ce point, *infra*, section 2, n°s 61 et 88.

sentant de commerce est assujetti à la patente par la loi du 4 juin 1858, car on sait que ce ne sont pas seulement les commerçants qui sont soumis à cet impôt.

6. — Maintenant nous allons voir par quels traits le mandat des représentants de commerce se distingue du mandat exclusif et légal conféré aux courtiers de marchandises.

Il y a, on le sait, principalement dans les villes où il se trouve une Bourse, des courtiers de marchandises nommés par le gouvernement. Ils ont seuls le droit d'en faire le courtage (1). L'art. 4 de l'arrêté du 27 prairial an X défend, sous les peines portées par la loi du 28 ventôse an IX, à toutes personnes autres que celles qui sont nommées par le gouvernement, de s'immiscer en façon quelconque, et sous quelque prétexte que ce puisse être, dans les fonctions des courtiers, soit à l'intérieur, soit à l'extérieur de la Bourse.

Du reste, le privilége de ces officiers publics est restreint à la ville même où ils sont établis, et ne s'étend pas à la banlieue de ces villes, c'est-à-dire hors de la circonscription communale où ils sont commissionnés. Cela résulte assez explicitement des lois qui les régissent (2), et qui déclarent que les courtiers

______

(1) Art. 75, 78 C. comm.
(2) L. 28, vent. an IX, art. 6 ; arr. 29 germ. an IX, art. 3 ; C. comm., art. 75.

sont établis *dans les villes* où il y a une Bourse :
« Leur privilége, dit.la Cour de cassation, ne saurait
s'étendre à la banlieue de ces villes, sans tomber dans
un arbitraire d'appréciation de limites qui ne saurait
devenir la base de l'application de la loi pénale (1). »

Par conséquent, les représentants de commerce
peuvent exercer leur industrie en toute liberté, c'est-
à-dire sans respecter les limites légales dont nous
allons parler, dans la banlieue, s'il n'y a point de
courtiers établis, lors même qu'il en existerait dans
la ville.

7. — Mais de nombreuses actions ont été portées
devant les tribunaux, par les courtiers, contre les représentants de commerce, qui opéraient dans la place
où ces officiers publics sont établis, et dont la concurrence se multiplie chaque jour, et menace, il faut
bien en convenir, de faire une large brèche au monopole conféré aux courtiers.

Il est donc nécessaire de rechercher, en consultant
les principes du droit et de la jurisprudence, quelles
sont leurs attributions respectives, et de déterminer
les limites dans lesquelles les représentants de commerce sont tenus de se renfermer, pour ne pas em-

____

(1) Ch. crim., 24 juill. 1852 ; Dev., 52, 1, 584 ; *Junge* : Cass.,
10 mars 1840; Dev., 40, 1, 374; Rouen, 4 mai 1839; Dev., 39, 2, 343.

piéter sur les droits des courtiers, et ne pas se rendre passibles des peines de l'immixtion.

8. — Les courtiers sont des agents *intermédiaires* pour les actes de commerce, les achats et les ventes de marchandises, et sont investis, par le Gouvernement, du droit exclusif de prêter leur ministère dans toutes les opérations qui rentrent, par leur nature, dans l'exercice de leur profession (1).

Mais ce privilége attribué aux courtiers de marchandises ne fait aucun obstacle aux autres actes autorisés par le droit commun.

L'art. 4 de l'arrêté du 27 prairial an X, en exprimant qu'il est permis à tous particuliers de vendre par eux-mêmes leurs marchandises, n'est pas aussi restrictif qu'il peut le paraître au premier abord : il a seulement pour objet de constater que le ministère des courtiers n'est imposé que lorsque les particuliers croient devoir recourir à des *intermédiaires*. Mais les termes de cet article 4 n'excluent point, à l'égard des commerçants, le droit d'employer des *mandataires*, traitant les affaires qui leur sont confiées, concluant les achats et les ventes dans la mesure des pouvoirs qu'ils ont reçus, puisque, en effet, celui qui contracte par mandataire est censé avoir contracté lui-même.

____

(1) Art. 74, 78, C. comm.; art. 7 et 8, L. 28 vent. an IX.

9. — C'est la nature même des opérations accomplies, c'est le caractère de ces opérations qu'il faut apprécier pour reconnaître si le représentant de commerce peut agir, sans que ses actes soient susceptibles d'être critiqués par les courtiers de marchandises, et sans encourir les peines applicables au courtage illicite (1).

Or, les attributions du courtier consistent à mettre en rapport les commerçants qui veulent vendre et ceux qui veulent acheter, à recevoir des uns les propositions qu'il transmet aux autres. Il s'entremet pour rapprocher des intérêts différents, pour faciliter et lier les opérations commerciales. Il fait toutes les démarches, toutes les diligences dont le but est d'amener, entre les parties, la conclusion des marchés, qu'il se borne à constater, lorsqu'il est parvenu à procurer la volonté des parties contractantes. Mais il n'est qu'un intermédiaire : il ne s'identifie ni avec le vendeur, ni avec l'acheteur; il n'encourt aucune responsabilité, et n'est point tenu de rendre compte.

Le représentant de commerce, au contraire, n'est pas un intermédiaire; c'est un mandataire chargé de représenter un seul intérêt, d'engager une seule volonté, l'intérêt et la volonté de son mandant. Il ré-

___

(1) Ch. crim., Cass., 24 juillet 1852 ; Dev., 52, 1, 584.

pond de sa gestion, et est obligé de rendre compte à celui qu'il a représenté.

10. — Les propositions qui précèdent établissent la différence qui existe entre les courtiers de marchàndises et les représentants de commerce. Elles indiquent aussi les limites dans lesquelles ces derniers doivent se tenir pour ne pas encourir le reproche d'immixtion.

Si un représentant de commerce agit en vertu du pouvoir qu'il a reçu d'acheter ou de vendre, comme mandataire, et en engageant définitivement son mandant de la même manière que si celui-ci eût traité personnellement, il reste dans les termes du droit commun, et ne porte aucune atteinte au privilége des courtiers.

Mais si n'ayant aucun pouvoir de conclure les opérations, il se borne à mettre les parties en présence, à procurer l'accord de la volonté de l'acheteur et du vendeur, et à amener la conclusion de l'affaire dans l'intérêt simultané des deux parties contractantes, il fait évidemment un acte de courtage illicite.

Peu importerait même qu'il eût reçu d'une maison de commerce des ordres ou propositions : si c'était sans le pouvoir d'engager cette maison, de terminer l'opération, dès qu'il transmettrait à d'autres commerçants ces ordres ou propositions, et parviendrait, après des démarches successives, dans l'intérêt simultané de l'acheteur et du vendeur, à lier l'opération et à la faire conclure, il contreviendrait aux lois constitutives du privilége des courtiers.

La Cour de Bordeaux a jugé qu'il y avait immixtion dans le courtage de la part d'un individu qui, invité par les raffineurs à leur procurer la défaite des matières basses de leurs établissements, allait prévenir les marchands en gros, lesquels traitaient directement avec les raffineurs, et donnaient ensuite à cet individu une commission plus ou moins forte ; que peu importait qu'il n'eût débattu ni le prix ni les conditions des ventes (1).

11. — Pour que les actes du représentant de commerce soient à l'abri de toute critique de la part des courtiers, il ne suffit pas qu'il agisse en vertu du pouvoir qui lui serait donné, en termes généraux, par une maison, à l'effet de la représenter ; il lui faut un pouvoir qui spécifie les opérations auxquelles il doit se livrer. Il faut, en outre, qu'il soit autorisé à conclure les marchés d'une manière ferme, comme le dit la Cour de cassation.

12. — Et non seulement ce pouvoir est nécessaire,

---

(1) 8 janvier 1817 ; Dev., 47, 2, 305.

mais il faut encore qu'il termine les opérations sans en référer préalablement à son mandant pour lui faire connaître et accepter de nouvelles conditions proposées par les tiers.

Si n'ayant pu réaliser une vente suivant les conditions fixées par son mandat, il avise son mandant des offres d'un acheteur, et sollicite un nouveau mandat pour traiter aux nouvelles conditions qu'il propose, —- en se chargeant de transmettre ces propositions au nom de l'acheteur, en les reportant à son mandant, en faisant valoir leur convenance, et en sollicitant de nouveaux pouvoirs pour les accepter, il agit en dehors de son mandat primitif, il se constitue l'intermédiaire entre le vendeur et l'acheteur, il se place entre l'un et l'autre pour amener la conclusion du marché, et fait ainsi un acte d'entremise et de courtage illicite (1).

L'exactitude de ces décisions est cependant contestée : il ne faut pas aller, dit-on, jusqu'à refuser au mandataire d'un négociant le droit d'en référer à son mandant avant la conclusion d'une opération, de lui demander s'il ne consentirait pas à certaines modifications propres à faciliter dans son intérêt l'exécution du mandat. Ce n'est qu'autant qu'il provoque lui-

____

(1) Ch. crim., Cass., 25 janvier 1862 ; *J. P.*, vol. I, 1862, p. 141.

même un mandat véritablement nouveau, une affaire nouvelle; ce n'est qu'autant qu'il prend l'initiative, et amène ainsi la conclusion d'un marché dont aucune des deux parties ne l'avait préalablement chargé, qu'il y a, de sa part, une opération illicite. En décidant autrement, et en proscrivant des communications utiles à la bonne direction de l'affaire, on paralyserait les rapports du représentant et du représenté, et on imposerait au premier une sorte de mutisme inconciliable avec les nécessités et les devoirs de sa profession; pour protéger les prérogatives des courtiers, on compromettrait le droit non moins respectable que les négociants ont de confier leurs intérêts à des mandataires (1).

Nous ne disons pas que le représentant qui a reçu un mandat, ne peut, en aucune manière, solliciter du représenté des modifications, de nouvelles instructions. Telle ne fut pas non plus la décision de l'arrêt de la Cour de cassation du 25 janvier 1862 précité. Un représentant peut très bien, après avoir consulté le mouvement des prix d'une place, s'adresser à son correspondant, pour qu'il lui permette de traiter à un prix moins élevé, à d'autres conditions; mais il lui est défendu, après avoir reçu l'offre d'un

____

(1) Nîmes, 18 avril 1861.

acheteur, pour un prix inférieur ou d'autres conditions, de reporter cette proposition au représenté, en faisant valoir la convenance de cette offre, en sollicitant de nouveaux pouvoirs pour l'accepter. Dans ce cas, et dans ce cas seulement, il se constitue l'intermédiaire entre l'acheteur et le vendeur, et empiète ainsi sur les attributions des courtiers. En vain dirait-il que ce n'est point une affaire nouvelle, et qu'il avait un mandat de son correspondant : il ne s'est point tenu dans les limites de ses pouvoirs; il a agi en dehors de son mandat; en se chargeant de transmettre des propositions au nom de l'acheteur, il a cessé d'être le représentant du vendeur ; il a fait acte d'entremise et de courtage illicite.

Cependant, si le commis ou le préposé d'une maison de commerce avertit son patron des variations qui l'empêchent de faire le placement des marchandises au prix fixé par ses instructions, et lui écrit que tel acheteur ne lui offre qu'un prix inférieur, en lui demandant l'autorisation de traiter avec lui à ce prix, on ne considérera pas ce commis comme ayant fait un acte de courtage (1). Or, il est impossible, objecte-t-on, de comprendre comment et pour quel motif le

____

(1) *Voy.* notamment : Ch, crim., rej., 8 juin 1832 ; Dev., 32, 1, 736.

même fait, intervenant dans les mêmes circonstances, est licite, lorsqu'il émane d'un commis, et est prohibé, punissable d'une peine correctionnelle, lorsqu'il a lieu de la part d'un autre mandataire (1).

Selon nous, lors même que le commis ne s'identifierait pas mieux qu'un simple mandataire avec la personne de son préposant, ses actes ne devaient pas être renfermés dans des limites aussi rigoureuses que ceux d'un représentant, par la raison qu'étant attaché exclusivement à une maison de commerce, et n'opérant pas, comme le représentant, pour tous les négociants qui veulent l'employer, la concurrence était moins grande, et l'atteinte au privilége des courtiers moins considérable.

Il y a, sans doute, dans les solutions que nous avons données, de sévères restrictions imposées à l'exercice de la profession des représentants de commerce. Mais si elles peuvent être critiquées au point de vue de l'économie politique et de la *législation*, comme nous le verrons plus loin (2), elles nous semblent, du moins, conformes aux principes du droit, et elles devront être suivies tant que nos législateurs

----

(1) *Voy.* M. Bertin, *Le Droit*, n°ˢ 23 et 24 janvier 1861, et 22 mars 1862.

(2) *Infra*, n° 32.

voudront que le courtage reste une fonction distincte, exclusive et privilégiée.

13. — Le représentant de commerce, qui, sans en référer à son mandant, conclut un marché en dehors des conditions de son mandat, et qui demande et obtient ensuite l'approbation du représenté, doit-il être considéré comme s'étant livré à un acte de courtage illicite? Oui, s'il a donné au tiers avec lequel il a traité une suffisante connaissance de ses pouvoirs ; car, alors il ne s'est pas engagé, et ce n'est que l'adhésion du mandant qui peut terminer l'opération. Le mandataire qui excède les limites de son mandat, n'est pas censé agir en vertu de ce mandat : *Qui excessit aliud quid fecisse videtur* (1). Il est donc dans la situation de celui qui porte à la connaissance du représenté les offres faites par un tiers, et qui sollicite l'acceptation de ce représenté.

Mais s'il n'a pas donné au tiers connaissance de ses pouvoirs, et si, par conséquent, il s'est ainsi engagé vis-à-vis de lui personnellement, il ne peut plus être considéré comme un intermédiaire. L'approbation qu'il sollicite et obtient ensuite du représenté, dans le but de dégager sa responsabilité personnelle,

______

(1) L. 5, D., *Mandati*.

ne doit point lui faire attribuer cette qualité (1).

14. — Le représentant de commerce peut certainement, après l'expiration de son mandat, traiter une
affaire pour son propre compte, s'engager personnellement envers le tiers avec lequel il négocie, et céder
ensuite le marché à celui qu'il représentait. Ces opérations ne sauraient être critiquées. En traitant pour
son propre compte, il était dans son droit, et le fait
de la cession du marché, postérieurement à la con-
sommation de la négociation, n'a pu en changer le
caractère (2).

15. — Toutefois, il faut que l'opération soit sincère. Si un représentant, en prenant la qualité de
vendeur ou d'acheteur, n'avait eu pour but que de
masquer, sous la forme de négociations commerciales
faites pour son propre compte, des opérations de courtage illicite, il ne serait point à l'abri des peines de
l'immixtion. C'est aux tribunaux à examiner les faits
et les circonstances, et à décider si, malgré des ap-
parences contraires, les opérations du représentant
ne constituent pas des actes d'entremise (3).

16. — Le représentant qui, n'ayant de la maison
qu'il représente habituellement aucun pouvoir pour

---

(1) Ch. crim., Cass., 13 janvier 1855 ; Dev., 55, 1, 147.
(2) Ch. crim., rej., 25 janvier 1862 ; J. P., 1862, vol. 1, p. 141.
(3) Paris, 6 février et 31 décembre 1836.

traiter une affaire, et qui, ayant rencontré un acheteur, porte l'opération à la connaissance de cette maison, et la conclut, sur l'ordre qu'il en reçoit, fait-il un acte de courtage illicite ?

Il faut distinguer : ou le représentant a su que l'opération pouvait se négocier avec cet acheteur, sans avoir fait auprès de lui aucune démarche pour le solliciter, et a spontanément instruit la maison qu'il représente de la possibilité de la négociation : dans ce cas, lors même qu'il l'aurait conclue sur l'ordre de cette maison, il est à l'abri de tout reproche ; ou, au contraire, c'est après avoir fait des diligences auprès de l'acheteur, après des pourparlers avec lui, et conformément à ses désirs, qu'il a demandé un mandat pour conclure le marché, et alors, il s'est réellement constitué intermédiaire et a empiété sur les attributions des courtiers.

17. — On a quelquefois considéré comme l'un des traits distinctifs du courtage le fait, de la part d'un représentant, d'avoir reçu une rétribution par égales portions des deux parties contractantes.

Cette doctrine suppose que les frais de courtage doivent nécessairement être supportés moitié par le vendeur, moitié par l'acheteur ; mais il n'existe aucune disposition dans le Code de commerce qui en fasse une loi. Quant aux règlements particuliers qui peuvent

exister sur ce point et déterminer ce mode de paiement, ils doivent être interprétés comme l'art. 1593
Code Nap., qui met à la charge de l'acheteur les frais
de l'acte de vente, ce qui n'empêche pas les contractants de stipuler qu'ils seront supportés en partie par
le vendeur. La circonstance de la rémunération par
égales portions, accordée au représentant, ne doit
donc être prise en considération que pour corroborer
d'autres faits paraissant par eux-mêmes insuffisants,
mais qui, réunis à cette circonstance, peuvent devenir
déterminants. S'il est constant que le représentant a
été investi par une seule partie d'un mandat renfermant le pouvoir de terminer l'opération, il ne pourra
pas être réputé avoir fait un acte de courtage illicite,
parce qu'il aura reçu des deux contractants la rémunération de ses peines et soins.

18. — Il importe peu, pour qu'il y ait courtage
illicite, que les négociations dans lesquelles le représentant s'entremet, aient lieu entre des commerçants,
dont l'un serait étranger à la place où elles doivent
s'effectuer, ou bien entre deux commerçants de cette
place. C'est à la nature seule des actes du représentant,
et non à la résidence des négociants pour lesquels il
opère, qu'il faut s'attacher, quand on veut reconnaître
s'il a excédé ou non les limites qui lui sont imposées,

en faveur des courtiers, dans l'exercice de son industrie (1).

La Cour de Paris avait décidé le contraire, et jugé que les opérations d'une place sur une autre ne constituaient que des actes de commission ou de mandat, suivant que la personne interposée agissait en son propre nom, ou au nom et pour le compte d'un commettant, et que le privilége des courtiers ne pouvait s'étendre à ces opérations (2). Mais c'était une erreur; et cette décision fut cassée par l'arrêt du 24 juillet 1852 précité. Le courtage, la commission et le mandat sont des actes essentiellement distincts. Les uns et les autres peuvent avoir lieu de place en place. Le courtage peut exister, aussi bien que la commission et le mandat, soit entre commerçants de la même place, soit entre commerçants de places différentes.

19. — Mais que décidera-t-on si un représentant de commerce reçoit, dans une place où il existe des courtiers, un ordre sans le pouvoir de terminer l'opération, alors que la marchandise se trouve dans un pays où il n'y a pas de courtiers, et que c'est dans ce dernier lieu que les autres faits nécessaires à la conclusion de

----

(1) *Voy.* Ch. crim., Cass., 24 juillet 1852 ; Dev., 52, 1, 584 ; 30 avril 1853; Dev., 53, 1, 798.
(2) Arrêt du 31 décembre 1851.

l'affaire se passent, et que le marché se conclut ? Ainsi un représentant sollicite et reçoit à Paris, d'un négociant de cette ville, l'ordre de lui procurer certaines marchandises en Bourgogne, sans recevoir le pouvoir de les acheter. Le négociant parisien est conduit par le représentant chez un négociant de Dijon, où il n'existe pas de courtiers. Les marchandises sont examinées et le marché conclu. Y a-t-il courtage illicite dont les courtiers de Paris aient le droit de se plaindre ? Nous ne le pensons pas : la simple acceptation de l'ordre donné à Paris n'est point par elle-même un acte de courtage; elle ne constitue de rapports qu'avec une seule partie. Il n'y a pas encore l'entremise, l'immixtion prévue par les art. 8 de la loi du 28 ventôse an 9 et 4 de l'arrêté du 27 prairial an 10. Si l'ordre a été ensuite exécuté, c'est-à-dire si le représentant a fait des propositions au vendeur de Dijon, s'il y a conduit le commerçant parisien, si les marchandises y ont été examinées, et le marché conclu par son intermédiaire, les courtiers de Paris n'ont le droit d'élever aucune réclamation, car tous ces faits sont licites, puisqu'ils se sont passés dans une place libre, où les courtiers de Paris, qui ne sont institués que pour cette ville, n'avaient, pas plus que tout autre citoyen, le privilége de l'entremise (1).

---

(1) *Voy.* Ch. crim., Cass., 2 avril 1852 ; Dev., 52, 1, 586.

La Cour de Bordeaux avait cependant, par un arrêt du 14 août 1851 (1), adopté d'autres principes : elle pensait que l'ordre d'achat constituait un acte complet de courtage, dès qu'un négociant avait donné le pouvoir d'acheter, et que ce pouvoir avait été accepté par un courtier en cette qualité ; et elle décidait que le fait par ce dernier d'aller recevoir un ordre d'achat dans un lieu où des courtiers sont établis, et pour lequel il n'était pas commissionné, constituait un acte de courtage illicite, bien qu'il exécutât ensuite cet ordre, soit dans le lieu où il exerçait légalement ses fonctions, soit dans un pays libre. Mais cet arrêt fut cassé. La Cour régulatrice considéra avec raison comme licite la réception sur une place de commerce non libre, par un courtier étranger, d'un ordre d'achat, quand la marchandise se trouvait dans un lieu où il n'existait pas de courtiers, et que c'était là qu'elle était examinée et le marché conclu (2).

Cette décision est évidemment applicable au cas où un représentant de commerce recevrait sur une place pourvue de courtiers un ordre sans mandat d'obliger irrévocablement le représenté, et où, après des dé-

----

(1) J. P., 1852, vol. II, p. 55.
(2) Ch. crim., Cass., 2 avril 1852 précité.

marches auprès de l'autre partie, le marché serait terminé dans un lieu libre.

Il est certain que les courtiers de la place où l'ordre a été donné n'auraient pas le droit de se plaindre.

Admettre l'opinion contraire, conformément au principe consacré par l'arrêt du 14 août 1851 de la Cour de Bordeaux, ce serait en quelque sorte attribuer aux courtiers le monopole de toutes les négociations qui s'engageraient par intermédiaire entre les négociants de la place pour laquelle ils sont commissionnés et toute autre place non pourvue de ces officiers publics. Peu importerait même, dans ce système, que le représentant de commerce résidât dans cette dernière place. Lorsqu'il solliciterait et obtiendrait un ordre, sans pouvoir de terminer la négociation, d'un commerçant établi dans une ville où il y aurait des courtiers, ces derniers auraient le droit de le poursuivre. En acceptant l'ordre dans la ville où ils sont institués, en le transmettant à un négociant de sa localité, ce représentant aurait fait un acte de courtage illicite, et cela, quand même le marché aurait été conclu dans le pays qu'il habite, et non dans la place où réside le négociant qui lui a donné l'ordre.

De telles conséquences ne doivent-elles pas mettre en garde contre les principes d'où elles découlent nécessairement?

Les lois qui ont institué le privilége des courtiers ont-elles donc étendu ce privilége même hors des limites du lieu de leur résidence? L'entremise hors de ce lieu, et dans les localités libres, n'est-elle donc pas abandonnée à la libre concurrence? N'y a-t-il pas tout intérêt, tout avantage pour les négociants, qui n'habitent pas ces localités, d'y trouver des personnes qui connaissent probablement mieux, que les courtiers d'une place étrangère, le mouvement des marchandises et des prix, et qui sont certainement plus capables aussi de conduire à bonne fin les négociations?

La jurisprudence de la Cour de cassation est évidemment plus rationnelle et plus favorable aux intérêts généraux du commerce, lorsqu'elle décide, comme nous l'avons vu, que, quand les marchandises sont situées et vérifiées en lieu libre, lorsque marché y est conclu, la réception de l'ordre en lieu privilégié ne constitue pas un acte de courtage illicite.

Du reste, la Cour de Bordeaux n'a pas tardé à reconnaître elle-même son erreur, et à déclarer que la simple réception d'ordre ou proposition d'achat dans une place privilégiée, pour être exécutée dans un lieu libre, ne suffisait pas pour constituer le délit prévu et puni par les art. 8 de la loi du 28 ventôse an IX, 4 de l'arrêté du 27 prairial an X, et 78 du Code de comm.

L'ordre d'achat, porte son dernier arrêt, ne saurait être par lui seul considéré comme un acte de courtage ; il n'en est tout au plus que le préliminaire ; il peut ne pas avoir de suite ; l'opération du courtage ne se signale d'une manière précise qu'au moment où l'ordre est transmis au vendeur. « Si des doutes sérieux, ajoute la Cour, ont pu s'élever sur l'interprétation des lois et arrêtés précités, il convient de s'arrêter au sens qui conduit à une exécution raisonnable et possible, plutôt qu'à celui qui engendrerait des conséquences absurdes et nuisibles aux intérêts mêmes que la loi a pour but de sauvegarder (1.) » La rétractation, on le voit, est très franche et très complète.

20.—Toutefois, selon la Cour de cassation, il y a acte de courtage dans toute entremise ayant pour but d'amener la conclusion d'une négociation ; et, dès l'instant où un des actes nécessaires pour cette négociation doit avoir lieu dans une ville où sont institués des courtiers, il ne peut être effectué que par leur ministère (2). Il en résulte qu'un représentant de commerce qui prendrait à Paris les ordres ou propositions de négociants de cette ville, qui les porterait aux négo-

---

(1) Arrêt du 7 juillet 1852 ; J. P., 1852, vol II, p. 586.
(2) Ch. crim., Cass., 24 juillet 1852 ; Dev., 52, 1, 584 ; 30 avril 1853 ; Dev., 53, 1, 798.

ciants d'autres places, même libres, puis qui, sur la réponse faite par ces derniers, et rapportée par lui aux négociants parisiens, parviendrait à faire conclure les opérations soit à Paris, soit dans les autres places, ferait des actes de courtage illicite.

Il n'y a plus ici, même lorsque le marché est conclu sur la place non pourvue de courtiers, une simple réception d'ordre de la part du représentant. En transmettant les propositions aux négociants de cette place, et en rapportant la réponse au négociant de Paris, il s'est rendu intermédiaire, il a fait, en lieu prohibé, l'un des actes nécessaires à la conclusion de la négociation.

D'un autre côté, le représentant qui recevrait un ordre d'achat dans une place libre, sans le pouvoir d'obliger son mandant, et qui, en vertu de cet ordre, irait dans une place, où il y a des courtiers, faire un acte d'entremise, par exemple, en y dégustant des vins, qui seraient ensuite vendus à son commettant dans la place libre, serait, au regard des courtiers de la place privilégiée, considéré comme s'étant livré à un acte de courtage illicite (1).

21. — On a prétendu que l'immixtion ne pouvait

---

(1) *Voy.*, comme analogue, Ch. crim., rej., 12 février 1848; Dev., 48, 1, 240.

avoir lieu que par suite *d'une série d'actes* établissant que le prévenu avait réellement empiété sur les attributions des courtiers, et qu'un seul acte n'était pas suffisant pour le condamner : « En défendant à tous individus autres que ceux nommés par le gouvernement, — disait M. l'avocat général Darnis (1), — de s'immiscer d'une *manière quelconque* dans les fonctions de courtier, le législateur a laissé aux tribunaux le pouvoir discrétionnaire de définir les actes qui peuvent constituer l'immixtion punissable, comme portant atteinte au privilége qu'il a voulu protéger. Il s'est exprimé d'une manière large et générale, comme dans l'art. 405 Code pén., sur l'escroquerie, où il est parlé de manœuvres frauduleuses, sans définition spéciale. Il n'est donc pas exact de dire que la loi punit un acte quelconque des fonctions du courtier ; c'est l'*immixtion* elle-même qui constitue le délit, et il ne peut y avoir *immixtion* que par suite d'une série d'actes non équivoques, établissant que le prévenu a réellement empiété sur le domaine des courtiers. — L'arrêt de la Cour de cassation du 12 février 1848 est en harmonie avec ce système. La Cour décide, en effet, que les divers actes pour la conclusion d'un marché sont des actes de courtage, et que, si *quelques-uns* de ces actes

____

(1) Devant la Cour de Bordeaux (Dev., 1851, 2, 787).

sont faits par un individu sans qualité, dans un lieu où il existe des courtiers, il y a contravention. Pourquoi la Cour de cassation n'a-t-elle pas décidé, en thèse, qu'un *seul* acte suffisait pour justifier la poursuite? C'est qu'elle a pensé qu'il fallait, pour *s'immiscer* dans les fonctions de courtier, réunir un ensemble de faits de nature à ne laisser aucun doute et sur l'intention du délinquant, et sur le résultat de sa fraude. »

Cette thèse n'est pas soutenable : l'art. 4 de l'arrêté du 27 prairial an x, en défendant de *s'immiscer en aucune façon quelconque* dans les fonctions des courtiers, montre suffisamment qu'il n'est pas nécessaire qu'il y ait une série d'actes pour que le délit existe, et que le prévenu doit être condamné à raison d'un seul acte, s'il a réellement le caractère de l'entremise. On s'immisce aussi bien quand on entame ou facilite une négociation que lorsqu'on la fait conclure.

L'arrêt de la Cour de cassation du 12 février 1848, dont les motifs étaient invoqués par M. l'avocat général Darnis, loin d'être contraire à cette solution, la confirme entièrement, puisqu'il décide, comme nous l'avons vu (1), que le seul fait de déguster des vins dans une ville privilégiée constitue le délit.

----

(1) *Supra*, n° 20.

D'ailleurs, les arrêts des 24 juillet 1852, et 30 avril 1853 de la même Cour, consacrent ce principe d'une manière très formelle.

22. — Les courtiers de marchandises n'ont de privilége que pour le courtage des *marchandises;* leur intervention n'est obligatoire que pour les opérations commerciales qui s'effectuent par entremise dans les villes où ils sont établis (1). Il en résulte qu'un représentant de commerce peut, dans ces villes, être employé comme intermédiaire par un propriétaire pour la vente de denrées de son crû, qu'il veut consentir même à un négociant. Cette vente n'est pas un acte de commerce au regard du propriétaire (2). Ces denrées ne deviennent marchandise qu'entre les mains du négociant qui les achète (3).

23. — Un représentant de commerce peut être le mandataire d'autant de maisons de commerce que bon lui semble. Dès qu'il reste dans les limites que la loi lui impose, et que nous venons de tracer, il peut exercer son industrie en toute sécurité (4). C'est un point qui ne saurait donner lieu à aucune discussion sérieuse.

____

(1) *Voy.* art. 74, 75, 78 C. comm.
(2) Art. 632, 638 C. comm.
(3) Ch. crim., rej., 10 juillet 1858 ; Dev., 58, 1, 779.
(4) M. Foureix, n° 28.

24. — Le représentant de commerce qui se serait livré à un acte d'entremise dans un lieu prohibé, ne pourrait pas s'excuser en prouvant qu'il est l'associé d'un courtier de commerce. Cette solution devrait être adoptée, lors même que l'on déciderait qu'un courtier peut contracter avec des tiers une société de profits et de pertes de sa commission. Le courtier doit opérer lui-même; il ne peut se faire représenter par d'autres personnes, ni par un commis (1), ni par un associé.

25. — Le représentant n'échapperait pas non plus à l'application de la peine, lors même qu'un courtier aurait consenti à lui prêter son nom pour couvrir des négociations de courtage en réalité consommées par le représentant. Le courtier lui-même serait, dans ce cas, répréhensible (2).

26. — Un représentant de commerce qui se serait livré à des actes du ministère des courtiers, ne pourrait pas, pour combattre la prévention, se prévaloir de ce qu'il aurait fait en même temps des négociations interdites à ces derniers, comme nous le dirons bientôt. Ces opérations ne peuvent changer la nature des actes d'entremise auxquels le représentant a pu

---

(1) Ch, crim., Cass., 9 janvier 1823.
(2) Ch. crim., 4 mess. an XI ; Aix, 9 janvier 1830.

se livrer, et le soustraire à l'application de la loi sur le courtage illicite.

27. — Le représentant de commerce n'est pas seulement passible de l'action pénale à raison des actes de courtage auxquels il se serait livré dans un lieu prohibé, il peut encore être poursuivi en réparation du préjudice que son entremise a causé aux courtiers. Pour fixer ce préjudice, les tribunaux considéreront l'importance des opérations et le montant des salaires dont les courtiers ont été privés par le fait du représentant.

Toutefois, les juges ne devront pas prendre d'une manière rigoureuse en considération toutes les opérations illicites du représentant, car il serait possible que les négociants qui les lui ont confiées n'eussent pas eu recours au ministère des courtiers pour plusieurs d'entre elles. Enfin, il est juste de déduire, du montant du préjudice reconnu, le prix des peines, soins et démarches, qui ont été épargnés à ces officiers publics (1).

28. — Quand des poursuites sont dirigées contre un représentant de commerce, par suite de courtage illicite, c'est la Chambre syndicale qui a qualité pour se porter partie civile : un courtier ne serait admis à

______

(1) Pau, 15 mai 1857 ; Dev., 57, 2, 600.

intervenir en son nom, dans l'instance, qu'autant qu'il alléguerait un préjudice personnel (1).

29. — L'art. 7 de l'arrêté du 27 prairial an X prononce la nullité de toutes les négociations faites par des intermédiaires sans qualité : « *conformément à l'art.* 7 *de la loi du* 28 *ventôse an* IX, porte cette disposition, toutes négociations faites par des intermédiaires sans qualité sont déclarées nulles. »

Mais l'art. 7 de la loi de ventôse dit seulement que les courtiers ont seuls le droit de *justifier, devant les tribunaux et arbitres, la vérité et le taux des négociations, achats et ventes.*

Les rédacteurs de l'arrêté de prairial, voyant qu'une vente ou un achat ne pouvaient se prouver que par les courtiers, en ont probablement conclu que la négociation était nulle quand elle était faite sans employer leur ministère. Mais autre chose est la convention, autre chose la preuve de cette convention. Un contrat ne doit pas être déclaré nul par cela seul qu'il ne peut pas être prouvé par les modes indiqués.

Quoiqu'il en puisse être, il faut reconnaître qu'il est excessivement rigoureux d'annuler des contrats dans le but unique de maintenir intact le monopole

____

(1) Bordeaux, 13 juillet 1826 ; Cass., 11 sept. 1847 ; *J. P.*, 47, 2, 687.

des courtiers. Aussi, les auteurs les plus graves cher-
chent à atténuer les conséquences de cette disposition.
M. Pardessus pense que l'effet de la nullité prononcée doit se borner à interdire la preuve de l'opération
par les registres et le témoignage de celui qui s'est in-
dûment rendu intermédiaire (1).

Mais la lettre de l'art. 7 de l'arrêté de prairial nous
semble résister à cette interprétation. C'est la nullité
de la négociation qui est prononcée; c'est toute action
ou exception qui est refusée par la loi; ce n'est pas
seulement la preuve par les intermédiaires sans qualité
qui est interdite.

D'autres auteurs pensent que la disposition de
l'art. 7 de l'arrêté de prairial est tombée en désuétude.

En fait, il doit répugner aux tribunaux d'en faire
l'application. Et cependant, si on adopte l'opinion
consacrée par la jurisprudence de la Cour de cassation, *si les lois claires et précises ne peuvent être regar-
dées comme ayant cessé d'exister qu'autant qu'elles ont
été expressément révoquées par d'autres lois également
claires et précises* (2), il faut nécessairement décider
que la loi de prairial est encore en vigueur, et que les
juges ont le droit de prononcer la nullité des négocia-

---

(1) N° 125.
(2) 16 novembre 1841 ; Dev., 42, 1, 128.

tions faites par d'autres intermédiaires que les cour
tiers (1).

30.—Après avoir fait connaître les actes dont les représentants de commerce doivent s'abstenir, nous
allons rappeler sommairement ceux auxquels ils peuvent se livrer, et qui sont interdits aux courtiers.

Or, le représentant de commerce peut traiter en
son nom personnel, soit pour le compte d'un commettant, soit pour son propre compte. Le courtier ne
peut traiter ainsi : il ne doit faire aucune opération
de commerce pour son compte (2).

Rien ne s'oppose à ce qu'un représentant accepte
un intérêt dans une entreprise commerciale. Le
courtier ne le peut pas, lors même que cet intérêt lui
serait offert, et qu'il l'accepterait à titre de rémunération de ses services (3).

Un représentant de commerce peut se rendre garant
des opérations qu'il fait pour son mandant. Assez
souvent, dans la pratique, il intervient entre celui-ci
et le représentant la convention *del credere*.

Le courtier ne peut se rendre garant de l'exécution
des marchés dans lesquels il s'entremet (4).

____

(1) *Voy.* notre *Revue doctrinale*, n° 26.
(2) Art. 85 C. comm.
(3) Art. 85 C. comm.; Ch. crim., Cass., 14 février 1856; Dev., 56,
1, 837.
(4) Art. 86 C. comm.

Le représentant peut payer, recevoir pour le compte de son mandant, lui faire des avances. Ces actes sont interdits au courtier (1).

Le représentant peut se substituer une personne dans sa gestion. Le courtier ne le peut pas, comme nous l'avons déjà dit plus haut.

Selon M. Foureix, les opérations à terme, les ventes à livrer, seraient permises aux représentants et non aux courtiers (2).

Mais les marchés à terme ou à livrer portant sur des marchandises sont licites, lorsque la vente est réelle et oblige à livrer (3). Les courtiers peuvent donc prêter leur entremise pour ces négociations.

Enfin, le représentant qui reste dans les limites que nous avons tracées, peut exercer son industrie dans tous les pays. Celle du courtier est limitée à la place pour laquelle il a été commissionné. Il ne peut faire acte d'entremise sur une autre place pourvue de courtiers, sans être en contravention.

31. Les représentants d'une place seraient-ils recevables à intenter une action en dommages-intérêts contre les courtiers de cette place auxquels ils impu-

____

(1) Art. 85 C. comm.
(2) N° 33.
(3) Montpellier, 29 sept. 1827; Cass., 29 nov. 1836 ; Dev., 37, 1, 455.

teraient des actes qui leur sont interdits ? Ainsi, par exemple, si les courtiers, dans le but de s'attirer la clientèle du dehors, et de lutter contre la concurrence des représentants de la ville où ils sont commissionnés, traitaient en leur nom personnel, se rendaient garants des marchés, payaient ou recevaient pour leurs commettants, ne seraient-ils pas passibles d'une action en indemnité ?

L'intervention ou l'action simultanée de tous les représentants d'une place, comme partie civile, devrait, selon nous, être accueillie. Bien qu'ils n'aient pas un monopole, comme les courtiers, ils doivent cependant avoir le droit de se plaindre, s'ils éprouvent un préjudice, dans l'exercice de leur industrie, par suite d'actes illicites que la loi punit. Le fait nuisible existe par cela même qu'il y a de la part des courtiers concurrence, immixtion prohibée dans des opérations auxquelles se livrent les représentants de commerce. Quant à l'étendue du dommage causé, c'est une question de fait abandonnée à l'appréciation des tribunaux.

32. — Qu'il nous soit permis, en terminant cette section, de rechercher si la législation actuelle est conforme aux besoins du commerce, et en harmonie avec le mouvement commercial et industriel des temps modernes.

Le monopole des courtiers de marchandises a déjà été plusieurs fois critiqué. Des raisons puissantes, pour demander la réforme des lois qui le consacrent, ont été produites par les défenseurs du principe de la liberté du travail. Combattant sous la même bannière, nous allons exposer très sommairement et très sincèrement aussi les motifs qui déterminent notre conviction.

Toutes les fois qu'il s'agit d'innover, et de réformer une législation qui se rattache au passé, il est nécessaire d'interroger l'histoire; et un examen attentif des faits, en révélant la raison d'être de certaines lois, prépare et rend aussi plus facile la solution des difficultés.

Disons donc, en quelques mots, dans quel but le monopole des courtiers a été autrefois établi, et nous serons ensuite plus à notre aise pour critiquer une institution qui, selon les partisans du *statu quo*, aurait pour elle la consécration du temps.

L'utilité des agents que l'on appelle *courtiers* avait été reconnue, en France, dès les temps les plus anciens. On lit, par exemple, la clause suivante dans une vieille charte de l'année 1194 : « *Cursatores, id est qui mercatores ducunt, quotquot esse voluerint, poterunt ; nec a domino vel ab aliquo prohibebuntur* (1). »

----

(1) *Coutumier génér.*, t. III, 2, p. 1003.

Mais le courtage fut érigé en monopole par suite des besoins, des vues fiscales de la royauté, et de l'organisation des corporations.

L'édit de création, du mois de juin 1572, était, de l'aveu de tous, un édit purement bursal, qui avait évidemment pour but de pourvoir aux nécessités du Trésor. Il en fut de même de ceux qui le suivirent.

Cet édit resta plusieurs années sans être exécuté ; et des villes, de grandes places de commerce, telles que Lyon, Tours, furent même, après l'arrêt du 15 avril 1595, l'édit du mois de décembre 1638, et l'arrêt du 2 avril 1639, exemptes de courtiers en titre d'office.

On voulut en imposer, en 1693, à la ville de Rouen : « Le commerce fit de si vives représentations, dit Forbonnais, que l'édit n'eut point d'exécution ; mais il fallut que les consuls fissent une imposition sur le commerce *pour tenir lieu de la finance* (1). »

Cet auteur fait, à ce sujet, les réflexions suivantes : « Rien n'est peut-être aussi délicat dans le commerce que l'usage des courtiers ; plusieurs grandes places de commerce s'en passent, et s'en trouvent bien. L'emploi de courtier est d'une très grande commodité ; mais il ne peut être mis en charges, ou limité à

______

(1) *Recherches et consid. sur les finances*, vol. II, p. 72.

un petit nombre, sans exposer le commerce de l'Etat, et le commerçant à des abus de la plus grande conséquence. » Puis il ajoute : « La gestion de toute affaire de confiance doit dépendre du choix et de la connaissance du commettant (1). » Observations pleines de sens, et que l'on ne saurait trop méditer.

L'édit de 1572 et l'arrêt de 1595 avaient réuni les fonctions d'agents de change et de courtiers de marchandises étrangères. L'édit de 1638 et l'arrêt de 1639 ne donnèrent aux individus investis que la qualité d'agents de banque et de change. Le courtage des marchandises fut exercé par d'autres personnes.

Dans les pays de maîtrises, les corporations de marchands avaient leurs courtiers particuliers, qui s'occupaient seulement de la négociation des marchandises que chacune d'elles avait le droit de vendre d'après ses statuts.

Il existait, pour les communautés d'artisans, des courtiers qui ne s'entremettaient que pour la vente des ouvrages qu'elles avaient le droit de fabriquer. C'étaient seulement les personnes reçues maîtres dans une corporation ou communauté, ou bien choisies par les maîtres et gardes de chaque corps,

____

(1) *Loc. cit.*

qui pouvaient faire le courtage de ses marchandises. On comprendra quelle pouvait être l'utilité de ces courtiers attachés spécialement aux communautés de marchands ou d'artisans, si on se rappelle combien, depuis l'origine, leur nombre s'était successivement accru. Il fallait, en effet, avoir la connaissance des marchandises dont la vente ou la fabrication appartenait exclusivement à chaque corps ou communauté, aussi bien que la connaissance des marchands et des ouvriers eux-mêmes.

Nous devons ajouter qu'il n'était pas permis à un marchand reçu en un corps de se rendre intermédiaire pour la négociation des marchandises appartenant à un autre corps.

Ceux qui se livraient au courtage étaient ordinairement des marchands reçus maîtres dans les communautés auxquelles appartenaient les marchandises, et qui n'avaient pas le moyen de faire le commerce pour leur propre compte. Les courtiers des manufacturiers et artisans étaient aussi de pauvres ouvriers qui ne pouvaient se procurer des métiers pour fabriquer, et qui trouvaient dans le courtage une ressource pour les besoins de leur famille.

Les ouvriers d'un corps, qui voulaient exercer cette profession, pouvaient, du reste, le faire, sans aucune permission ; il suffisait qu'ils fussent tenus pour hommes de bien et d'honneur par les jurés de la communauté (1).

Dans les villes où les courtiers n'étaient pas en titre d'office ou en commission, et qui n'avaient pas de corporations, le courtage était libre, et les courtiers 's'entremettaient indistinctement pour la vente de toute espèce de marchandises.

Nous ne parlerons pas des nombreux changements opérés dans les offices d'agents de change et de courtiers depuis 1705 jusqu'en 1781 : toutes les suppressions ou créations qui eurent lieu n'avaient d'autre but que de procurer au Trésor de nouvelles ressources.

Lorsque l'ancien ordre de choses fut détruit, lorsque les corporations furent supprimées, et la liberté de l'industrie proclamée, il fut permis à toutes personnes d'exercer la profession de courtier, sous la condition de prendre une patente (2). Cependant un règlement prescrivit bientôt le mode à suivre pour la nomination : un jury de commerçants, formé par le conseil général de la commune, dut fixer le nombre des courtiers, et désigner les citoyens à qui ces fonctions seraient confiées, après examen de leur mora-

---

(1) *Voy.* Savary, *Parf. Nég.*, liv. III, ch. VII.
(2) Art. 2 et 3, L. 8 mai 1791.

lité, probité et connaissances commerciales. Il fut ensuite décrété qu'ils seraient nommés par le Gouvernement ; qu'ils fourniraient un cautionnement ; qu'ils auraient seuls le monopole de l'entremise. Une amende fut édictée contre tous individus autres que ceux nommés par le Gouvernement, qui s'immisceraient dans leurs fonctions (1). L'arrêté du 27 prairial an X confirma ce privilége par les dispositions les plus rigoureuses.

On vit assez souvent les législateurs, dans les premières années qui s'écoulèrent après la Révolution, emprunter les dispositions réglementaires de l'ancien régime, dans le but de faire disparaître les difficultés ou les abus existants. Le privilége conféré aux courtiers de marchandises est de ce nombre. Après le *maximum* et les assignats, un grand désordre existait non seulement dans le courtage, mais dans le commerce lui-même, et ailleurs encore. On crut y remédier par l'institution d'un monopole, et en ne confiant les fonctions de courtier qu'à des hommes nommés par l'administration, et soumis à une police spéciale.

Mais depuis longtemps déjà, le désordre a disparu ;

____

(1) *Voy.* sur tous ces points : Boucher, *Inst. comm.*, p. 84 ; L. 20 oct. 1795; décr. 28 vend. an IV; Loi 28 vent. an IX, art. 6, 9, 7, 8.

le commerce, en rentrant dans ses voies normales, s'est prodigieusement développé, et on peut bien se demander si une institution qui n'avait autrefois pour cause que les besoins du fisc, et un ordre de choses qui a cessé d'exister avec les corporations, ne doit pas être remplacée par d'autres règles ayant pour base le principe de la liberté de l'industrie, que l'assemblée constituante a proclamé, mais dont elle n'a peut-être pas toujours su tirer toutes les conséquences.

Le privilége constitué par la législation au profit des courtiers de marchandises est évidemment une restriction fâcheuse, une véritable gêne imposée aux commerçants dans les transactions. Est-ce que chaque négociant ne devrait pas avoir le droit de choisir l'intermédiaire qui lui convient, celui qui lui semble avoir le plus d'aptitude pour faire réussir ses opérations? Et cependant. le choix n'est-il pas toujours très limité? Les commerçants ne sont-ils pas souvent obligés d'abandonner leurs négociations à des personnes qui peuvent n'avoir pas toute leur confiance? Nous ne voulons rien dire des villes des départements; mais, à Paris même, est-ce que le nombre des agents intermédiaires est en rapport avec celui des transactions? Non seulement le nombre de ces agents est très restreint, mais encore, comme le fait observer M. Dreo, chacun des courtiers s'adonne à une spécialité, et il en résulte que, pour chaque article important, le chiffre de la spécialité varie de deux à dix; quelquefois, dit M. Dreo, il n'y en a qu'un, et souvent même pas du tout (1).

Aussi, malgré les dispositions rigoureuses de la loi, une industrie s'est développée, qui a offert aux commerçants les avantages que le courtage ne leur offrait point : il existe, dans toutes les villes de commerce, un nombre considérable d'agents connus sous la qualification de représentants de commerce.

Nous avons vu que le législateur de 1858 a lui-même apprécié les progrès de cette industrie, et soumis à une patente ceux qui l'exercent. Il faut assurément qu'elle satisfasse des besoins réels, pour s'être ainsi développée au milieu des entraves que la loi lui impose, et des périls nombreux qui menacent les personnes qui s'y livrent. Nous avons dit, en exposant les règles de la législation et de la jurisprudence, avec quelle circonspection les représentants de commerce doivent agir, quelles précautions minutieuses ils sont obligés de prendre, pour ne pas encourir les peines du courtage illicite, pour n'être pas réputés *marrons*, comme les nègres fugitifs; et on est vraiment étonné

____

(1) *Liberté des transactions,* p. 22 et suiv.

de voir cette industrie prospérer, quand on pense à toutes les rigueurs de la législation, que les courtiers, — en cela jaloux comme tous ceux qui ont un monopole, — ne manquent jamais d'invoquer, pour peu que les représentants prêtent le flanc à leurs poursuites. C'est que les commerçants ont très bien compris que les courtiers restaient assez indifférents entre les vendeurs et les acheteurs, et qu'il leur importait de confier leurs négociations à des mandataires qui ont le plus grand intérêt à procurer à leurs correspondants les meilleures conditions et les prix les plus avantageux.

Mais combien la loi sur le courtage entrave les rapports entre représentants et représentés!! Ainsi, par exemple, les principes sur la *référence*, que nous avons exposés, et suivant lesquels un représentant ne peut recevoir d'autre mandat que celui qui l'autorise à traiter d'une manière ferme, sans pouvoir transmettre à son mandant les conditions nouvelles qui lui seraient offertes, paralysent évidemment les opérations, et nuisent autant aux commerçants qu'à l'industrie des agents qu'ils emploient. Ces règles mettent, en effet, les négociants dans la nécessité de donner à leurs représentants les pouvoirs les plus étendus, pour être à même de saisir les occasions de négocier dans les circonstances les plus favorables, sans être obligés d'en référer aux mandants. Mais les chefs de maison hésitent le plus souvent à donner de semblables procurations. Des jurisconsultes, des tribunaux, des cours n'ont pas pu comprendre que la législation fût ainsi en opposition avec les besoins, les intérêts du commerce, pour maintenir intactes les prérogatives des courtiers; et cependant, la loi est telle, et une jurisprudence constante le reconnaît! Nous l'avons dit nous-même, et nous le répétons, ces règles devront être appliquées tant que les dispositions sur le courtage seront conservées. Mais nous espérons bien voir effacer de nos codes ces vestiges de l'ancienne législation.

Si nos législateurs, obéissant à la loi du progrès, ont supprimé une partie des barrières artificielles qui s'opposaient à l'échange des produits, et établi une plus libre concurrence entre les nations, on peut bien présumer qu'ils songeront à faire disparaître les entraves du commerce à l'intérieur, et à lui donner ainsi plus de force pour soutenir la lutte avec le commerce du dehors qui, dans son immense activité, ne manquerait pas de profiter de nos hésitations ou de nos lenteurs. Ils n'ignorent pas que le principe de la liberté des échanges a pour couronnement celui de la liberté des transactions.

Si leurs constants efforts tendent à améliorer les

voies de communication, à faciliter les moyens de circulation, à favoriser et multiplier les rapports commerciaux, il est permis de penser qu'ils supprimeront tout ce qui peut gêner, entraver ces rapports, et arrêter l'élan du commerce et de l'industrie. Ils savent parfaitement que rien n'est plus contraire et plus nuisible que le monopole à la liberté qu'ils veulent établir et développer. Nos législateurs seront donc sans doute conduits à réformer une institution qui pouvait avoir son utilité du temps des maitrises et jurandes, alors que les moyens de communication et de publicité étaient si difficiles et si imparfaits, mais qui n'est plus en harmonie, ni avec plusieurs principes fondamentaux de notre législation, ni avec notre nouveau régime économique, ni avec les faits, les nécessités et les habitudes commerciales de notre époque.

Serait-il nécessaire de soumettre les agents intermédiaires à des conditions spéciales de certificats d'aptitude et de moralité, de discipline, de patente et de cautionnement? Nous ne voulons pas entrer ici dans ces détails. Nous n'avons pas non plus, dans les quelques pages qui précèdent, eu l'intention d'apprécier la question d'opportunité. Nous savons que les idées les plus exactes, les plus fécondes, ne peuvent pas toujours, en raison de causes diverses, dont nous n'avons point à parler, recevoir une application immédiate. Mais nous sommes intimement convaincu que, si un jour le principe de la liberté était, en matière de courtage, substitué au régime du privilége, le commerce français accueillerait avec la plus vive sympathie cette heureuse et salutaire innovation.

SECTION II.

Du contrat formé entre le représenté et le représentant.

SOMMAIRE.

33. — Objet de cette section.
34. — Nature du contrat. Renvoi.
35. — Comment le mandat peut se donner au représentant, et être accepté par lui.
36. — Les femmes mariées et les mineurs peuvent être représentants de commerce. Est-il nécessaire qu'ils soient autorisés à faire le commerce? Affirmative enseignée par M. Foureix; réfutation de cette opinion.
37. — L'objet du mandat confié au représentant doit être licite.
38. — Preuve de l'existence du contrat.
39. — Suite.
40. — Ce que doit faire un représentant auquel est adressé par correspondance un ordre, qu'il ne veut pas accepter; conséquence possible de sa négligence à répondre.

41. — Il doit exécuter le mandat accepté.

42. — Obligations du représentant.

43. — Suite.

44. — Suite.

45. — Suite.

46. — Suite.

47. — Suite : est-il responsable de l'insolvabilité des tiers avec lesquels il traite? Distinction; convention *del credere*.

48. — Suite : *Quid* s'il vend pour un prix inférieur, ou s'il achète pour un prix supérieur à celui de ses instructions?

49. — Suite : peut-il vendre à terme? *Quid* s'il a vendu à crédit sans en avoir le pouvoir?

50. — Suite : *Quid*, dans le cas précédent, s'il a vendu à un prix supérieur à celui qui lui était fixé pour la vente au comptant?

51. — Suite : *Quid* si les marchandises achetées par lui ne sont pas de l'espèce ou de la qualité demandée?

52. — Suite : *Quid*, si chargé de plusieurs ordres, il a dépassé sur un point le prix indiqué, tandis que, sur un autre, il a fait meilleure la condition du représenté?

53. — Suite : il ne peut pas faire payer au représenté les marchandises plus cher qu'il ne les a achetées.

54. — Suite : peut-il recevoir d'un commerçant le mandat de vendre des marchandises, et, d'un autre, le mandat d'en acheter de semblables?

55. — Suite : il ne peut acheter pour son compte, sans en prévenir le représenté, les marchandises qu'il est chargé de vendre.

56. — Suite : obligation de faire les recouvrements.

57. — Suite : le mandat de vendre des marchandises n'emporte pas toujours nécessairement le pouvoir d'en recevoir le prix. — Opinion contraire de M. Foureix. Renvoi.

58. — Suite : le représentant doit rendre compte au représenté.

59. — Suite : il doit l'intérêt des sommes employées à son usage, ou de celles dont il est reliquataire.

60. — Suite : taux des intérêts.

61. — La contrainte par corps peut-elle être prononcée contre le représentant de commerce? Négative.

62. — Rapports du représentant avec les tiers.

63. — Obligations du représenté.

64. — Suite : rétribution du représentant.

65. — Suite : remboursement de ses avances.

66. — Suite : *Quid* si les marchandises non vendues n'avaient été envoyées au représentant que sur ses sollicitations?

67. — Suite : intérêt des avances du représentant.

68. — Le représentant de commerce a-t-il un privilége?

69. — A-t-il le droit de rétention? Opinion de M. Foureix ; dissentiment.

70. — Indemnité due au représentant pour les pertes essuyées par lui à l'occasion de sa gestion.

71. — Solidarité des représentés pour une opération commune.

72. — Prescription des actions entre le représentant et le représenté.

73. — Révocation des pouvoirs donnés au représentant de commerce ; ses effets.

74. — *Quid* s'il a été stipulé que le mandat ne pourra être révoqué sans que le représentant reçoive une indemnité?

75. — Révocation tacite. Exemple.

76. — Remise, en cas de révocation, de l'acte qui contient les pouvoirs.

77. — Dans quels cas le représentant peut renoncer au mandat.

78. — Suite : *Quid* s'il était dans l'impossibilité de continuer sa mission sans en éprouver un préjudice considérable?

79. — Suite : notification de la renonciation au représenté.
80. — Suite : devoirs du représentant en cas de renonciation.
81. — Extinction du mandat par la mort du représenté ou
du représentant.
82. — Devoirs du représentant en cas d'extinction du mandat par le décès du représenté.
83. — Devoirs des héritiers du représentant qui est décédé.
84. — Extinction du mandat par l'interdiction, la faillite
ou la déconfiture.
85. — *Quid* en cas de dissolution de la société qui a donné
le mandat ?
86. — *Quid* lorsque le représentant a ignoré la cause d'extinction de son mandat ?
87. — *Quid* si les tiers n'ont pas connu la cause qui a mis fin
au mandat ?
88. — Compétence.
89. — Observations sur les réformes à introduire dans la
législation.

33. — Nous allons exposer rapidement, sous cette dernière section, les principes qui régissent la nature, la forme, la preuve du contrat intervenu entre le représenté et le représentant de commerce ; nous dirons aussi quels sont les principaux effets de ce contrat et de quelles manières il finit.

34. — Nous avons suffisamment indiqué son caractère dans la section précédente : nous avons vu que c'était un véritable mandat salarié, qui ne devait être confondu ni avec la commission, ni avec la préposition, ni avec le courtage. Nous n'insisterons pas.

35. — Ce mandat peut se donner verbalement ou par écrit, et même tacitement.

Il peut être accepté de la même manière. Il y a acceptation tacite, lorsque le représentant, avant de répondre à la demande de son correspondant, exécute l'ordre que celui-ci lui a adressé. Le concours des volontés suffisant pour former le contrat s'est opéré réellement par le fait de l'exécution (1).

36. — Les femmes mariées et les mineurs peuvent être choisis pour être représentants de commerce (2). Le choix du représenté n'intéresse que lui et nullement les tiers, à l'égard desquels les actes faits par le représentant sont aussi valables que s'ils avaient été passés par le représenté. Si ce dernier a choisi pour représentant, *v. g.*, un mineur, il n'a de reproches à faire qu'à lui-même. Les obligations de ce représentant demeureront soumises à l'action en nullité ou en rescision. Le représenté pourra seulement agir contre lui, s'il a reçu quelques sommes dont il s'est enrichi (3).

Cependant, selon M. Foureix, les mineurs et les femmes, pour être représentants, devraient être auto-

---

(1) Art. 1985 C. N.
(2) Art. 1990 C. N.
(3) Art. 1312, 1990 C. N.

risés à faire le commerce, conformément aux art. 2 et suiv. C. comm. (1).

Cette opinion n'est que la conséquence de la doctrine que l'auteur professe sur le caractère des actes des représentants : il considère ces actes comme commerciaux ; il pense que les représentants sont commerçants, et, par conséquent, il leur applique les dispositions du droit commercial qui exigent certaines autorisations et formalités pour habiliter les incapables à faire le commerce. Nous avons exposé les motifs de notre dissentiment au sujet du caractère attribué par M. Foureix aux représentants de commerce (2), et nous ne pensons pas que les autorisations et formalités, dont parle M. Foureix, soient nécessaires.

37. — Le contrat qui intervient entre le représenté et le représentant ne peut produire un lien de droit que s'il a pour objet une chose licite. Toute action serait refusée à l'une et l'autre des parties, s'il avait pour objet une opération contraire aux lois ou aux bonnes mœurs (3).

38. — La preuve de l'existence de ce contrat se

____

(1) N° 51.
(2) *Supra*, n° 5.
(3) *Voy. Du Commis-voyageur*, n° 24.

fait par les modes du droit commun contre la personne qu'un commerçant soutient avoir accepté la mission de le représenter.

Les modes particuliers au droit commercial seraient admissibles contre le commerçant dont un représentant alléguerait avoir reçu ce mandat.

39. — Mais on a fait observer avec raison qu'il importe aux représentants de commerce de n'agir qu'en vertu de pouvoirs constatés par écrit, et qu'il est même prudent, ou de se procurer une date certaine, ou d'exiger, s'ils acceptent une procuration par lettre, qu'elle leur arrive sans enveloppe, afin de pouvoir répondre plus facilement aux critiques dont leurs opérations pourraient être l'objet de la part des courtiers, en prouvant, à l'aide du timbre de la poste, que la date du mandat dont ils excipent est sincère, et qu'il ne peut être attribué à la complaisance (1).

40. — Quand un représentant de commerce reçoit un ordre par correspondance, il doit, s'il ne veut pas accepter le mandat qui lui est offert, faire connaître promptement son refus. Sa négligence pourrait faire supposer son acceptation, et le rendre passible de dommages-intérêts.

41. — Lorsqu'il a accepté le mandat, il ne peut se

---

(1) M. Foureix, n⁰ˢ 8 et 46.

dispenser de l'exécuter, à moins que le représenté ne remplisse pas lui-même les obligations auxquelles il s'est soumis. Il peut cependant renoncer à l'exécuter, sous les conditions dont nous parlerons plus loin.

42. — il doit se conformer strictement aux instructions qu'il a reçues, pour être à l'abri de toute responsabilité; consulter le représenté pour tout ce qui n'a pas été prévu. S'il ne peut pas en référer à son mandant, ou s'il a la faculté d'agir d'après son libre arbitre, il doit faire ce qu'un négociant habile eut fait pour lui-même dans une semblable situation.

43. — Il est aussi obligé de donner au représenté tous les renseignements concernant les négociations dont il s'est chargé, de manière que celui-ci puisse modifier ses ordres, s'il le juge nécessaire; il doit l'instruire, dans le plus bref délai, de la conclusion des opérations : le tout, sous peine d'être responsable du préjudice occasionné par le retard.

44. — Il répond des fautes qu'il commet dans sa gestion. Il en est tenu d'autant plus rigoureusement qu'il reçoit un salaire. Mais il lui suffit d'avoir agi comme un négociant capable. On ne peut le rendre responsable pour n'avoir pas fait ce que seul aurait pu faire un commerçant très habile.

45. — Il doit apporter les plus grands soins à la garde des marchandises qui lui sont confiées, et il

est responsable de la perte arrivée par sa négligence. Il serait affranchi de toute responsabilité, en cas de force majeure; mais il doit la prouver.

46. — Il répond des fautes des préposés ou intermédiaires qu'il emploie, à moins que ces agents n'aient été prescrits nominativement par le représenté.

47. — Il n'est point tenu de l'insolvabilité des tiers avec lesquels il traite, si ce n'est lorsqu'il a suivi la foi de personnes notoirement insolvables au temps de la négociation. Cependant les représentants de commerce ajoutent quelquefois à leurs obligations l'engagement résultant de la convention *del credere*. Par suite de cet engagement, ils répondent, non seulement de la solvabilité des débiteurs, mais de l'acquit de la dette au terme convenu.

Cette convention peut se former même tacitement, et s'induire du taux du salaire alloué au représentant, qui, dans ce cas, reçoit une rétribution double.

48. — S'il vend pour un prix inférieur, ou s'il achète pour un prix supérieur à celui qui lui a été fixé, il est tenu de payer la différence au représenté, qui, de son côté, ne peut pas, lorsque cette différence lui est offerte, refuser de ratifier l'opération.

49. — Il ne peut vendre à terme qu'autant qu'il y a été autorisé par sa procuration, ou par un usage

que le représenté ne lui a pas interdit de suivre. Toutefois, s'il avait vendu à crédit, sans en avoir reçu le pouvoir, le représenté ne pourrait élever aucune réclamation, s'il le payait immédiatement, en gardant à son compte la perte ou les chances résultant de la concession du terme.

50. — S'il a vendu à terme, sans autorisation, mais pour un prix supérieur à celui qui lui a été fixé pour la vente au comptant, il peut laisser au représenté, l'option de subir le terme, en acceptant le marché, ou de recevoir le paiement comptant, mais déduction faite de la différence existant entre le prix stipulé de l'acheteur et celui qui était indiqué dans la procuration.

51. — Si les marchandises achetées par le représentant ne sont pas de l'espèce ou de la qualité demandée par le représenté, celui-ci peut refuser de les prendre à son compte (1).

La seule réception de la marchandise sans protestation, de la part du correspondant, ne serait pas toujours suffisante, dans ce cas, pour fonder une fin de non recevoir contre sa réclamation.

52. — Si le représentant, chargé de plusieurs ordres, a dépassé sur un point le prix indiqué, tandis

______

(1) *Voy. Du Commis-voyageur*, n° 31.

que sur un autre il a fait meilleure la position de son mandant, les juges peuvent compenser la perte avec le bénéfice, mais seulement lorsqu'il s'agit de mandats connexes et se rattachant à une seule et même opération (1).

53. — Il ne peut pas faire payer au représenté les marchandises plus cher qu'il ne les a achetées, quand même la différence entre le prix d'achat et celui porté dans le compte du représenté proviendrait d'une bonification accordée spécialement au représentant par le vendeur (2).

54. — Le représentant, auquel la vente de marchandises a été confiée par un correspondant, peut recevoir d'un autre le mandat d'en acheter de semblables. Du moins, aucun texte ne lui défend de cumuler ces deux mandats (3). S'il a agi avec bonne foi ; s'il n'a pas laissé ignorer à ses mandants qu'il était chargé d'un double pouvoir, son opération ne peut être critiquée par eux. Nous pensons même que, dans ce cas, rien ne s'oppose, en général, à ce qu'il reçoive une rétribution de l'un et de l'autre.

Les courtiers eux-mêmes ne pourraient élever au-

____

(1) *Voy. Du Commis-voyageur*, n° 43.
(2) *Voy.* Art. 1993 C. N.
(3) *Voy.* Bordeaux, 18 janvier 1848 ; Dev., 48, 2, 326. — *Contra,* M. Foureix, n° 11.

cune réclamation contre la négociation, car nous supposons que le représentant a reçu des deux parties le mandat de traiter d'une manière ferme, de conclure le marché au nom de chacun de ses mandants, d'après les conditions fixées dans les procurations.

55. — Peut-il acheter pour son propre compte les marchandises qu'il a le pouvoir de vendre? Il répugne de décider qu'il puisse être partie opposée et arbitre dans une négociation où il est expressément chargé des intérêts d'autrui : *Procurator constitutus ad vendendum non potest sibimetipsi vendere, quia non potest esse emptor et venditor* (1). La bonne foi du représentant pourrait être facilement suspectée. Il pourrait s'approprier la marchandise à l'approche d'un mouvement de hausse, en profitant de l'ignorance dans laquelle se trouverait son correspondant.

Il doit donc, s'il peut avoir besoin des marchandises dont la vente lui est confiée, en prévenir le représenté.

56. — Il est tenu de faire avec exactitude les recouvrements dont il est chargé par suite d'une convention expresse ou tacite.

57. — M. Foureix pense que le mandat de vendre emporte nécessairement le pouvoir de toucher le

____

(1) Scaccia, *Décis*. 4. — *Voy*. aussi art. 1596 C. N.

prix (1). Cette opinion est trop absolue ; nous croyons que les solutions suivantes sont préférables : si le représentant doit vendre à terme, il n'a pas le droit, sans une autorisation expresse, de recevoir le prix ; et même, dans le cas où il vend au comptant, si, — ce qui arrive assez souvent, — il n'a pas été mis par le représenté en possession de la marchandise, s'il n'a pas été chargé d'en faire la délivrance à l'acheteur, il ne peut en toucher le montant. Telle est du moins la doctrine que nous professons, et que nous avons exposée ailleurs avec tous les développements qu'elle comporte (2).

58. — Le représentant est obligé de rendre compte de ses opérations et de faire raison au représenté de tout ce qu'il a reçu en vertu de sa procuration. Il lui doit compte de tous les profits prévus ou non prévus, qu'il a pu se procurer à l'occasion de sa gestion (3).

59. — Il doit l'intérêt des sommes appartenant au représenté, qu'il a employées à son usage, à dater de cet emploi ; et de celles dont il est reliquataire, à compter du jour de la mise en demeure (4), résultant soit d'une demande en justice, soit d'une sommation

____

(1) N° 50.
(2) *Du Commis-Voyageur*, n° 105.
(3) Art. 1993 C. N.
(4) Art. 1996 C. N.

ou autre acte équivalent. La mise en demeure pourrait même résulter de la correspondance (1).

M. Foureix prétend qu'aucune mise en demeure n'est nécessaire pour faire courir les intérêts dont le représentant est reliquataire (2). Mais rien ne nous paraît justifier cette exception aux principes généraux.

60. — Le taux des intérêts qui peuvent être dus par le représentant au représenté est de 6 p. 0/0.

61. — La contrainte par corps ne peut pas, selon nous, être prononcée contre le représentant de commerce à raison des obligations qu'il contracte directement vis-à-vis du représenté, ou de celles qui naissent à l'occasion des opérations qui lui sont confiées, par exemple, lorsqu'il a touché des sommes par suite de ces opérations. Le représentant de commerce qui agit au nom du représenté, qui aide celui-ci dans ses négociations, n'est point un commerçant (3). Ses actes ne sont pas compris dans l'énumération limitative des art. 631 et suivants du Code de commerce. Ils n'ont point le caractère commercial. Or, la contrainte par corps ne peut être prononcée qu'à raison des actes qui ont ce caractère.

---

(1) *Du Commis-Voyageur*, nos 57, 58.
(2) No 57.
(3) *Voy. supra*, no 5.

M. Foureix pense cependant que le représentant de commerce est contraignable par corps, comme commerçant, ou comme faisant des actes de commerce (1). Nous avons déjà critiqué cette doctrine (2) ; nous n'y reviendrons pas. Cet auteur ajoute qu'il faut d'autant mieux accueillir sa solution que le représentant est investi d'un mandat de confiance qui doit le porter à exécuter ses engagements avec exactitude et honnêteté. Cette considération, à défaut d'un texte spécial, et en présence des principes, ne nous paraît pas suffire pour autoriser l'exercice d'une voie d'exécution si rigoureuse.

62. — Le représentant de commerce contracte, en général, au nom de son mandant, nous l'avons déjà dit ; et, lorsqu'il a donné à la partie avec laquelle il a traité une suffisante connaissance de ses pouvoirs, il n'est tenu d'aucune garantie pour ce qui a été fait au-delà (3).

Mais il peut arriver qu'il traite en son propre nom, pour le compte de son commettant, ou qu'il s'oblige à garantir l'exécution de la convention faite au nom du représenté. On appliquerait alors soit les règles qui

______

(1) Nº 75.
(2) *Supra*, nº 5.
(3) Art. 1997 C. N.

régissent les obligations du commissionnaire à l'égard des tiers, soit les principes résultant de l'engagement de garantie qu'il aurait consenti.

63. — Le représenté est tenu d'exécuter les obligations contractées par le représentant conformément au pouvoir qui lui a été donné. Il n'est tenu de ce qui a été fait au-delà, qu'autant qu'il l'a ratifié expressément ou tacitement (1).

64. — Il doit payer au représentant la rétribution convenue (2); à défaut de stipulation, cette rétribution serait réglée par l'usage de la place où le mandat a été exécuté, ou par l'arbitrage du juge.

65. — Il doit aussi lui rembourser les avances et les frais qu'il a faits pour l'exécution de son mandat (3).

Le représenté ne peut se dispenser de faire ce remboursement, quoique l'opération n'ait pas réussi, s'il n'y a aucune faute à imputer au représentant (4).

66. — Mais si des marchandises n'avaient été envoyées à un représentant de commerce, pour être vendues, que parce qu'il aurait sollicité le mandat, et fait

------

(1) Art. 1998 C. N.
(2) Art. 1999 C. N.
(3) Art. 1999 C. N.
(4) Art. 1999 C. N.

naître, par ses instances et ses promesses, dans l'esprit du correspondant, l'espoir d'un écoulement prompt et avantageux, aucune rétribution, dans le cas où la vente ne pourrait se faire, ne lui serait due, s'il ne lui en avait été promis que sur les placements opérés, sans qu'il en eût été stipulé pour le cas où la négociation ne pourrait pas s'effectuer. Le représentant aurait seulement droit aux frais de magasinage et de conservation de la marchandise.

67. — Le représenté doit au représentant l'intérêt des avances à dater du jour où elles ont été faites (1).

68. — Le représentant de commerce n'a point, en général, de privilége pour le remboursement de ses avances, intérêts et frais. Cependant, il pourrait avoir le privilége accordé aux frais faits *pour la conservation de la chose* (2).

69. — A-t-il le droit de retenir la marchandise du représenté, pour la sûreté du remboursement des frais de conservation, d'amélioration, de placement, ou d'achat, faits pour cette marchandise? Nous le pensons.

Cependant l'opinion contraire est émise par M. Foureix : « Dans la plupart des difficultés auxquelles

---

(1) Art. 2001 C. N.
(2) Art. 2102 3° C. N.

donne naissance la reddition de compte de la représentation, dit-il, on voit le représentant retenir les fonds ou les marchandises du représenté, en déclarant qu'il les rendra en recevant sa commission et le remboursement de ses avances. C'est une méprise des représentants sur leurs droits (1). »

Nous croyons, au contraire, que les représentants exercent en cela le droit le plus légitime, et qu'ils peuvent refuser de se dessaisir de la marchandise, jusqu'à ce qu'ils soient payés de leurs avances et déboursés. L'équité ne permet pas que le représenté puisse exiger l'exécution des obligations du représentant, sans remplir lui-même ses engagements.

Les auteurs les plus accrédités accordent ce droit de rétention au commissionnaire (2), et nous ne voyons aucun motif pour ne pas accorder la même faveur au représentant de commerce.

Mais le représentant ne pourrait pas évidemment s'approprier les marchandises, et en disposer, sans s'adresser à la justice.

70. — Le représenté doit encore indemniser le représentant des pertes que celui-ci a essuyées à l'oc-

---

(1) N° 64.
(2) M. Pardessus, n° 571 ; MM. Delamarre et Lepoitvin, vol. II, n°s 385 et suiv.

casion de sa gestion, sans imprudence qui lui soit imputable (1).

71. — Si une personne avait été constituée représentant par plusieurs individus pour une opération
commune, chacun d'eux serait tenu solidairement envers elle de tous les effets du mandat (2).

72. — Les actions entre le représentant et le représenté sont soumises à la prescription de trente
ans (3).

Les intérêts des sommes appartenant au représenté
et que le représentant a touchées, et employées à son
usage, échappent à la prescription de cinq ans dont
parle l'art. 2277 du Code Napoléon (4).

Il en est de même des intérêts des avances faites
par le représentant au représenté (5).

73. — Le représenté peut toujours révoquer les
pouvoirs qu'il a donnés au représentant (6). Toutefois,
il importe de distinguer si la révocation a lieu avant
tout commencement d'exécution, ou après que le

------

(1) Art. 2000 C. N.; *Voy.* sur ce principe : *Du Commis-Voyageur*,
n° 86.
(2) Art. 2002 C. N.
(3) Art. 2262 C. N,
(4) Cass., 21 mai 1822 ; 7 mai 1845 ; Dev., 45, 1, 614.
(5) Rej., 10 février 1836 ; Dev., 36, 1, 940 ; Rouen, 4 mai 1843 ;
Dev., 43, 2, 494.
(6) Art. 2003, 2004 C. N.

mandat a été en partie exécuté. Dans le premier cas, le contrat est comme non avenu ; il n'en peut naître aucune obligation. Le représenté ne doit aucune rétribution. Dans le second cas, le mandat se dissout pour l'avenir ; mais les obligations qui en sont nées subsistent, au profit de l'une et de l'autre partie, pour tout ce qui a été fait, et dans les limites mêmes de l'exécution. Une rétribution proportionnelle est due au représentant. Le représenté doit aussi lui rembourser ses dépenses, et l'indemniser des engagements qu'il pourrait avoir pris.

74. — Bien que le représenté puisse révoquer sa procuration, quand bon lui semble, il est cependant permis aux parties de stipuler qu'elle ne pourra l'être sans que le représentant reçoive une indemnité (1).

75. — La révocation du mandat donné au représentant peut être expresse ou tacite. L'art. 2006 C. Nap. offre comme exemple d'une révocation tacite la nomination d'un nouveau mandataire pour la même affaire. La question de savoir si les pouvoirs d'un représentant sont ainsi tacitement révoqués, s'il y a eu changement de volonté de la part du représenté, s'il y a incompatibilité entre les deux mandats, doit s'apprécier d'après les circonstances.

____

(1) Req., 8 avril 1857 ; Dev., 57, 1, 835.

76. — Le représenté qui révoque les pouvoirs du représentant a le droit de le contraindre à lui remettre l'écrit sous seing privé ou l'acte notarié qui les contient (1).

77. — Le représentant peut, de son côté, renoncer au mandat, si la renonciation est faite en temps opportun, ou si elle a une juste cause. Elle a lieu en temps opportun, si le représenté en est instruit assez à temps pour qu'il puisse, sans éprouver de préjudice, conclure lui-même l'opération, ou la confier à un autre. Elle a une juste cause, lorsque, par exemple, comme nous l'avons déjà dit, le représenté ne remplit pas ses obligations, ou bien encore, lorsque, depuis le contrat, il est survenu dans ses affaires un dérangement tel qu'il y ait lieu de craindre sa faillite ou sa déconfiture (2).

78. — Le représentant pourrait-il renoncer à son mandat, s'il était dans l'impossibilité de le continuer sans en éprouver un préjudice considérable? Quelques auteurs pensent que la disposition de l'art. 2007 C. Nap., qui résout cette question affirmativement, n'est point applicable à la commission (3). Mais, quel que

---

(1) Art. 2004 C. N.
(2) Art. 2007 C. N.; Pothier, *Mandat*, no 41.
(3) MM. Delamarre et Lepoitvin, vol. II, nos 46 et 438.

soit le mérite de cette opinion, nous pensons que l'art. 2007 doit recevoir son application au mandat du représentant de commerce. Cette disposition ne fait aucune distinction entre le mandat gratuit et le mandat salarié : on ne peut en admettre une pour priver le représentant de son droit. Les juges devront seulement se montrer moins faciles dans l'application de la loi (1).

79. — La renonciation doit être notifiée au représenté (2), à moins que le représentant ne se trouve dans un cas d'impossibilité absolue. Du reste, un acte extra-judiciaire n'est pas indispensable. La correspondance peut suffire.

80. — Le représentant, lors même que sa renonciation est bien fondée, doit, jusqu'à ce que le représenté puisse pourvoir à ses intérêts, donner à l'opération commencée tous les soins qu'elle exige.

81. — La mort du représenté ou du représentant met également fin au mandat, car le contrat a lieu de part et d'autre *intuitu personæ* (3).

82. — Si c'est le représenté qui meurt, le représentant ne peut plus rien faire qui oblige les héri-

____

(1) En ce sens, MM. Vincens, vol. II, ch. VIII, n° 1, p. 129 ; Troplong, *Mandat*, n° 806.
(2) Art. 2007 C. N.
(3) Art. 2003 C. N.

tiers de son mandant. Néanmoins, il doit achever l'opération commencée au décès de celui-ci, s'il y a péril en la demeure (1), comme, par exemple, lorsqu'il s'agit d'opérer un recouvrement dont il était chargé, et dont le terme est échu, de faire une livraison à laquelle le représenté était obligé, d'empêcher une demande en dommages-intérêts.

83. — Si c'est le représentant qui décède, ses héritiers doivent en informer le représenté, et attendre ses instructions. Ils sont tenus de pourvoir, pendant ce temps, à ce que les circonstances exigent pour l'intérêt de celui-ci; de prendre les mesures conservatoires et nécessaires pour lui éviter tout préjudice (2).

84. — L'interdiction, la faillite ou la déconfiture, soit du représenté, soit du représentant, sont encore des causes d'extinction du mandat (3).

85. — Il en serait de même dans le cas de dissolution d'une société qui aurait confié des pouvoirs à un représentant de commerce.

86. — Si le représentant n'a pas connu la cause qui a fait cesser son mandat, ce qu'il a fait dans

---

(1) Art. 1991 C. N.
(2) Art. 2010 C. N.
(3) Art. 2003 C. N.

cette ignorance est valable (1). On ne peut pas le rendre responsable d'un fait qu'il a ignoré.

87. — Enfin, les tiers de bonne foi peuvent se pré·valoir des actes passés avec le représentant après le révocation ou la cessation de son mandat. Ils ne sont plus de bonne foi, lorsqu'ils connaissent, soit indirectement, soit par une notification, la cause qui a fait cesser les pouvoirs du représentant (2).

88. — Devant quelle juridiction l'exécution des obligations existant entre le représentant et le représenté doit-elle être poursuivie?

Il ne peut exister aucun doute à l'égard des engagements du représenté : l'action intentée contre lui peut être portée devant le tribunal de commerce, lorsqu'il est négociant, ce qui a lieu le plus souvent ; s'il n'est pas commerçant, si, par exemple, c'est un propriétaire qui a chargé un représentant de commerce de la vente de denrées provenant de son crû, l'action doit être intentée devant le tribunal civil.

Mais il y a plus de difficulté, lorsqu'il s'agit de l'action du représenté contre le représentant :

M. Foureix pense que ce dernier est justiciable des

---

(1) Art. 2008 C. N.
(2) Art. 2005, 2009 C. N. — *Voy. Du Commis-Voyageur*, n° 173.

tribunaux de commerce (1). Cette solution sera peut-être consacrée par les tribunaux, non point parce que le représentant est un commerçant, ou un commis des commerçants, comme le prétend M. Foureix (2), mais parce que les juges penseront probablement que les contestations de cette nature, qui se rattachent presque toujours à des opérations commerciales, seront mieux appréciées par les tribunaux de commerce, que par les tribunaux civils, et qu'elles exigent d'ailleurs des décisions promptes et peu coûteuses.

Et cependant, nous hésiterions à penser qu'une semblable opinion fût conforme aux principes rigoureux du droit : les actes du représentant, qui se borne à agir au nom du représenté, n'ont aucun caractère commercial ; il aide sans doute les commerçants ; il facilite les opérations commerciales ; mais en rendant ces services, il ne fait pas acte de commerce. Pour décider autrement, il faudrait qu'il fût compris dans l'énumération des articles 631 et suivants du Code de commerce.

Vainement essaierait-on de le ranger au nombre des personnes dont parle le premier alinéa de l'article 634 du même Code : le représentant n'est ni un

---

(1) Nos 71 et suiv.
(2) *Voy. supra*, nos 5, 4.

facteur, ni un commis, ni un serviteur. C'est un mandataire. Or, selon nous, celui qui ne fait pas en son propre nom pour le compte d'autrui, mais au nom du mandant, une opération, même commerciale, ne peut, sans un texte exprès, être considéré comme faisant un acte de commerce. Le mandant n'a contre lui que l'action de mandat, qui est régie par les principes du droit commun, et qui ne peut être portée devant une juridiction exceptionnelle. Il importe peu que l'opération, dont le représentant a été chargé, soit commerciale, puisqu'il n'a pas agi pour son propre compte, et que c'est seulement en sa qualité de mandataire qu'il est responsable. Le salaire même qui lui est alloué ne change pas la nature de sa mission (1).

89. — Les observations qui précèdent, et quelques autres explications de cet appendice, nous semblent suffisamment démontrer la nécessité de promulguer

______

(1) En ce sens, Aix, 30 nov. 1818. — *Contra*, M. Dalloz, *Rép.* v° Mandat, n° 497. Cet auteur cite, dans le sens de sa solution, un arrêt de la cour de Montpellier, du 21 mars 1831 (Dev., 31, 2, 328). Mais il faut observer que cet arrêt fut rendu dans une espèce où l'action était intentée par le mandataire contre le mandant commerçant qui avait fait une opération commerciale, par suite de laquelle le mandataire, auquel cette opération avait été confiée, réclamait des salaires qui lui étaient dus. Un second arrêt de la Cour d'Orléans du 8 février 1848, cité dans le même sens par M. Dalloz, est intervenu dans une espèce où le mandat avait été donné pour gérer la succursale d'une maison de commerce : ce cas rentrait, par conséquent, dans la disposition de l'art. 634 C. comm.

une loi destinée à régir une industrie qui ne s'est développée qu'après la publication de nos codes, et
qui rend certainement plus de services au commerce
que le courtage officiel, avec lequel elle se trouve mal-
heureusement trop souvent en lutte.

Nos législateurs sauront probablement un jour protéger de si précieux intérêts par des dispositions qui,
en consacrant, comme nous l'avons dit, le principe
de la liberté des transactions, feront aussi connaître
les devoirs et les droits de mandataires, dont ils ont
reconnu l'importance, en 1858, et dont les commerçants avaient déjà, avant cette époque, apprécié toute
l'utilité.

Quand il s'agit de réformer un ordre de choses
depuis longtemps établi, il faut sans doute y apporter
la plus grande circonspection, car lors même que les
innovations proposées sont le mieux justifiées par
l'histoire et la raison, elles peuvent être en opposition, non pas avec les intérêts, mais avec les habitudes
et les convictions du plus grand nombre; et alors les
législateurs doivent prudemment laisser à l'opinion
publique le temps de s'éclairer.

Mais depuis un grand nombre d'années déjà, l'innovation que nous appelons de tous nos vœux, est
jugée par le commerce, qui, en présence des mer-
veilleux progrès de l'industrie, a bien compris que les

lisières de la loi entravaient sa marche, et qu'il devait prendre conseil de lui seul dans le choix de ses agents ou intermédiaires.

Non seulement cette réforme répondrait donc à un besoin certain et incontestable, mais elle donnerait encore satisfaction à l'opinion la plus générale, en même temps qu'elle serait une nouvelle et précieuse consécration du droit de travailler, de ce droit qui, selon les expressions du grand ministre économiste, toujours utiles à rappeler, est la première propriété, la plus sacrée, la plus imprescriptible.

Il suffirait seulement de rechercher les mesures et les combinaisons les plus propres à concilier l'intérêt public avec le respect qui est toujours dû aux droits acquis.

FIN.

TABLE.

—

Avant-Propos.   V

Division de la matière.   1

Chapitre I. — Origine, utilité et caractères du commis-voyageur . . .   3

Chapitre II. — Des rapports entre le commis-voyageur et son préposant..   27

  § 1. — Nature, formation et preuve du contrat.   27

  § 2. — Obligations du commis-voyageur vis-à-vis du préposant. . . .   40

  § 3. — Obligations du préposant vis-à-vis du commis-voyageur . . .   72

Chapitre III. — Des rapports entre le préposant, ou le commis-voyageur, et les tiers.   97

  § 1. — Obligations et droits du préposant vis-à-vis des tiers.   97

  § 2. — Obligations du commis-voyageur envers les tiers.   131

Chapitre IV. — Cessation des fonctions du commis-voyageur. . . .   136

Chapitre V. — De la compétence.   167

  § 1. — Contestations entre les préposants et les tiers.   167

  § 2. — Contestations entre les commis-voyageurs et les préposants, ou les tiers.   194

Appendice. — Des représentants de commerce.   215

Observations préliminaires.   215

Section I. — Caractère du représentant de commerce et limites légales de
             son industrie.   217

Section II. — Du contrat formé entre le représentant et le représenté. . .   273

TABLE ALPHABÉTIQUE.

(Les chiffres indiquant les numéros de l'Appendice
sont suivis des lettres **App.**)

A

Abus de confiance. — Celui qui a lieu de la part d'un commis-voyageur, 62.

Achat. — Voy. *Vente.*

Acte de commerce. — Les engagements du commis-voyageur n'ont pas un caractère commercial, 60. — *Secus* de ceux du commis-voyageur intéressé, 60. — *Quid* des actes du représentant de commerce? 5, 61. *App.* — Voy. *Compétence, Contrainte par corps.*

Action directe. — Les tiers ont-ils une action directe contre le préposant, lorsque le commis-voyageur a traité avec eux en son propre nom? 111. — Le préposant peut-il, dans le même cas, poursuivre directement contre les tiers l'exécution de la convention? 112. — Quand le commis-voyageur dûment autorisé s'est substitué un tiers, le préposant peut-il agir directement contre le substitué? 113.

Antidate. — Voy. *Révocation.*

Assurance. — Voy. *Mandat.*

Avances. — Voy. *Droit de rétention, Intérêts, Préposant, Prescription, Représenté.*

B.

Bonne foi. — Voy. *Mandat, Substitution.*

C

Commerçant. — Les commis-voyageurs ne sont pas commerçants, 10. — Les représentants de commerce n'ont pas non plus cette qualité. 5. *App.*

Commerce. — Il n'est pas nécessaire que les femmes mariées ou les mineurs soient habilités à faire le commerce pour être représentants de commerce, 36. *App.*

Commis intéressé. — Voy. *Acte de commerce, Commis-voyageur, Louage de services.*

Commissionnaire. — Observations sur les art. 91 et 92 du Code de Comm., 3. *App.* — Différences entre le commissionnaire et le commis-voyageur, 5. — En quoi le commissionnaire et le représentant de commerce diffèrent, 3, 4. *App.*

Commis-voyageur. — Obstacles au développement de son industrie dans l'ancienne France; principales causes de l'extension de son industrie après la révolution, 2. — Son utilité, 3. — Observations sur sa mission, 4. — Stipulations diverses relativement à la rémunération de ses services, 6. — Du commis-voyageur intéressé, 7. — Le commis-voyageur intéressé doit-il être considéré comme associé? 8. — A-t-il le droit de demander la production des comptes, registres et inventaires de la maison? 9. — Dans quels bénéfices le commis intéressé, qui vient à quitter la maison, a-t-il le droit de prendre part? 73. — Peut-il faire rechercher et liquider son intérêt par la vente des marchandises? 73. — Obligations du commis-voyageur vis-à-vis du préposant, 26 et suiv. — Doit tout son temps et tous ses soins à son patron, 26. — Ne peut faire, sans le consentement du patron, un commerce particulier, 27, 28. — *Quid* des profits, si l'opération a été déterminée par une considération personnelle au commis? 29. — Doit se conformer aux instructions du préposant, 30. — Ne peut substituer une chose à une autre, faire autre chose que ce qui lui a été mandé, 31. — *Quid* s'il existe de l'obscurité dans ses instructions? 32. — *Quid* en cas d'impossibilité de prendre les ordres du patron? 33. — *Quid* de l'exécution partielle des ordres du préposant? 34, 35. — Cas où le commis-voyageur reste évidemment dans les limites de son mandat, 36. — *Quid* s'il a acheté la marchandise à un prix supérieur à celui qui est fixé par la procuration? 37. — Peut-il, dans le cas précédent, forcer le patron à prendre la marchandise pour le prix indiqué? 38. — *Quid* si le commis avait, dans le même cas, agi de mauvaise foi? 39. — *Quid* lorsque le commis achète au prix fixé par la procuration, s'il est établi qu'il pouvait traiter à un prix inférieur? 40. — *Quid* s'il vend à un prix moins élevé que celui qui est fixé par le mandat? 41. — *Quid* s'il vend au prix de la procuration quand il pouvait vendre à un prix prix plus élevé? 42. — Compensation que les tribunaux peuvent faire, quand le commis ne s'est pas conformé aux ordres relatifs aux prix, 43. — Avis que le commis-voyageur doit donner à son patron, 44, 45. — Il doit être discret, 48. — Il doit remplir lui-même sa mission, 49. — Obligation de la part du commis-voyageur de rendre compte des sommes qu'il a touchées, 56 et suiv. — Le commis-voyageur ne contracte aucune obligation envers les tiers, 114. — *Quid* s'il n'a pas donné aux tiers connaissance de ses pouvoirs? 115. — *Quid* s'il leur a donné une suffisante connaissance de son mandat? 116. — C'est le tiers qui doit, en thèse, prouver que le commis-voyageur ne lui a pas donné connaissance de son mandat, 117. — Dans quel cas le commis-voyageur qui traite en son propre nom est-il obligé envers les tiers? 118. — *Quid* s'il traitait tant en la qualité de représentant de son patron qu'en son propre nom? 119. — Voy. *Commerçant, Commissionnaire, Contrainte par corps, Courtier, Domestique, Engagement à vie, Gens de service, Incapable, Instituteur, Intérêts, Lettre missive, Louage de services, Mandat, Perte, Ratification, Responsabilité, Salaires, Substitution, Vente.*

Compétence. — *Contestations entre les préposants et les tiers,* 175 et suiv. — Règles sur la compétence exceptionnelle et facultative mentionnée dans l'art. 420 C. proc. civ., 176 et suiv., 204. — La disposition de cet article ne peut être invoquée en cas de contestation portant sur l'existence même même de l'obligation, 181. — La disposition de l'art. 420 C. proc. civ., qui permet d'assigner devant le tribunal de commerce du lieu du paiement s'applique aussi dans l'intérêt de l'acheteur, 183. — Le tribunal devant lequel l'action est portée peut-il ordonner une enquête pour établir l'existence de la condition qui le rend compétent? 184. — *Quid* lorsque le marché a été conclu par le commis voyageur au domicile de l'acheteur, et la marchandise livrée au domicile du préposant? 185. — Lorsque le commis-voyageur n'a que le mandat de recevoir des ordres pour les transmettre à son patron, est-ce que, en cas d'acceptation et d'expédition de la marchandise, le patron peut assigner l'acheteur devant le tribunal de commerce de son propre arrondissement? 186. — Devant quel tribunal de commerce doit être portée la demande formée par l'acheteur, quand l'existence même de la vente est sérieusement contestée par le préposant? 187. — Les tribunaux ont le droit d'examiner si la contestation est sérieuse, 188. — En cas de vente par l'entremise d'un commis-voyageur, si la facture expédiée à l'acheteur énonce que la marchandise est payable au domicile du préposant, cette énonciation est-elle attributive de juridiction au tribunal de commerce de ce domicile? 189. — Cas d'acceptation implicite et d'engagement pris par l'acheteur de payer au lieu fixé par la facture, 190, 191. — *Quid* si l'acheteur a d'abord reçu sans réclamation la facture indiquant le domicile du vendeur pour lieu de paiement, et ensuite refusé en totalité les marchandises? 192. *Quid* si en cas d'acceptation de la facture fixant pour lieu de paiemeut le domicile de l'expéditeur, ce dernier fait sur l'acheteur une traite payable au domicile de celui-ci? 193, 194. — *Contestations entre les commis-voyageurs et les préposants, ou les tiers*, 195 et suiv. — Quel est le tribunal compétent pour statuer sur l'action du commerçant qui prétend avoir fait avec une personne une convention par laquelle elle s'est engagée à voyager pour sa maison, si cette convention est déniée par le défendeur? 195 *bis*.— *Quid* de l'action formée par le patron contre le commis? 196, 197. — *Quid* de l'action du commis contre le patron? 198. — Incompétence des juges de paix pour statuer sur les contestations entre les commis et les patrons, 199. — Le commis a-t-il la faculté de traduire le patron devant le tribunal civil? 200. — *Quid* lorsque le commis qui a traité en son propre nom, peut être poursuivi? 201. — Le commis-voyageur qui achète ou loue des objets mobiliers destinés à l'exercice de son industrie, est-il justiciable des tribunaux de commerce? 202. — *Quid* si un individu ne voyageait pas seulement comme préposé d'une maison, mais aussi pour son compte personnel, en se livrant au placement des marchandises d'autres maisons, dont il recevrait des commissions? 203. — La disposition du troisième alinéa de l'art. 420 C. proc. civ., est-elle applicable aux contestations entre le préposant et le commis-voyageur à propos du règlement de leurs intérêts respectifs? 204.— Devant quelle juridiction l'exécution des obligations existant entre le représentant de commerce et le représenté doit-elle être poursuivie? 88. *App.* — Voy. *Livraison.*

Contrainte par corps. — Peut-elle être prononcée contre le commis-voyageur à raison des obligations qu'il a contractées envers son patron? 60. — *Quid* s'il s'agit d'un commis-voyageur intéressé? 60. — Disposition de l'art. 126 C. proc. civ., 61. — La contrainte par corps peut-elle être prononcée contre un représentant de commerce? 61. *App.*

Contrat. — Nature de celui qui intervient entre le commis-voyageur et le préposant, 14. — *Quid* lorsque l'objet des négociations est illicite? 24. — Nature du contrat formé entre le représentant de commerce et le représenté, 34. *App.* — *Quid* si l'objet est illicite? 37. *App.* — Voy. *Louage de services, Mandat, Preuve.*

Courtage. — Observations historiques et critiques sur la législation qui régit le courtage des marchandises; réforme proposée, 32, 89. *App.*

Courtage illicite. — C'est le caractère des opérations qu'il faut apprécier pour reconnaître si un représentant de commerce a empiété sur les attributions des courtiers, 9. *App.* — Nécessité d'un pouvoir spécifiant les opérations, et d'une autorisation de traiter d'une manière ferme, 11. *App.* — Défense faite au représentant de commerce d'en référer à son mandant pour lui faire accepter de nouvelles conditions proposées par les tiers? 12. *App.* — *Quid* du représentant de commerce qui conclut un marché en dehors des conditions de son mandat, et qui obtient ensuite la ratification du mandant? 13. *App.* — Le représentant de commerce peut traiter pour son propre compte, après l'expiration de son mandat, et céder ensuite le marché à celui qu'il représentait, 14, 15. *App.* — *Quid* si le représentant, qui n'a aucun pouvoir de la maison qu'il représente habituellement, porte une opération à la connaissance de cette maison, et la conclut sur l'ordre qu'il en reçoit, 16. *App.* — *Quid* si le représentant reçoit une rétribution par égales portions des deux parties? 17. *App.* — *Quid* si l'opération, dans laquelle le représentant s'entremet, est faite entre deux commerçants dont l'un est étranger à la place où elle s'effectue? 18. *App.* — Le représentant qui reçoit dans un lieu privilégié un ordre sans pouvoir de conclure, pour être exécuté en un lieu libre, commet-il le délit de courtage ? 19. *App.* — *Quid* si un acte d'entremise a lieu de la part du représentant dans le lieu privilégié ? 20. *App.* — Ce qui constitue l'immixtion, 21. *App.* — Un représentant de commerce peut être employé comme intermédiaire par un propriétaire pour la vente des denrées de son crû, 22. *App.* — Il peut représenter plusieurs maisons, 23. *App.* — Il ne peut pas s'excuser d'un acte d'entremise en prouvant qu'il est l'associé d'un courtier, 24. *App.* — Ni dans le cas où un courtier lui aurait prêté son nom, 25. *App.* — Ni dans celui où il aurait fait en même temps des négociations interdites aux courtiers, 26. *App.* — Voy. *Dommages-intérêts, Nullité.*

Courtier. — Privilége des courtiers de marchandises, 6. *App.* — Dans quelle circonscription il s'exerce, 6. — Leur rôle, 8. *App.* — Leur privilége ne fait point obstacle à l'emploi d'un mandataire, 8. *App.* — Actes qui sont interdits aux courtiers, 30, *App.* — Voy. *Courtage.*

D

Déboursés. — Voy. *Avances.*
Décès. — Voy. *Louage de services, Mandat.*
Déconfiture. — Voy. *Mandat.*
Délégation. — Voy. *Substitution.*
Délit. — Voy. *Responsabilité civile.*
Domestique. — Sens légal de cette expression.—Le commis-voyageur doit-il être rangé dans la catégorie des domestiques ? 12.
Dommages-intérêts. — Action en indemnité des courtiers contre le représentant de commerce qui a fait des actes de courtage illicite, 27. *App.* — Par qui cette action est exercée, 28. *App.* — Les représentants de commerce d'une place sont-ils recevables à intenter une action en dommages-intérêts contre les courtiers auxquels ils imputeraient des actes qui leur sont interdits ? 31. *App.* — Dommages-intérêts qui peuvent être dus par un représentant de commerce qui néglige de répondre à une lettre par laquelle un ordre lui est adressé, 40. *App.* — Voy.

Engagement à vie, Louage de services, Perte.
Ducroire. — Cette convention peut avoir lieu entre un représentant de commerce et son correspondant, 47. *App.*

E

Emprunt. — Voy. *Mandat.*
Engagement. — Voy. *Louage de services.*
Engagement à vie. — Quelle est la validité de l'engagement contracté pour toute sa vie par le commis-voyageur? 15, 16. — La nullité du contrat est-elle, dans ce cas, absolue? 17. — Celle des parties qui refuse d'exécuter l'engagement à vie n'est tenue d'aucuns dommages-intérêts, 18. — *Quid* si la convention a été exécutée pendant quelque temps? 18 *bis.* — L'engagement pris par un patron de conserver pendant toute sa vie un commis-voyageur est valable, 19. — La clause par laquelle un commis-voyageur s'interdit de prendre en aucun temps, ni en aucun lieu, après sa sortie, un emploi semblable, dans une autre maison faisant le même commerce, n'est pas valable, 20. — *Quid* si le commis a reçu d'avance des bonifications en vertu de la clause précédente? 21.

F

Facture. — Voy. *Compétence.*
Faillite. — Voy. *Louage de services, Mandat.*
Faute. — Voy. *Représentant de commerce, Responsabilité.*
Force majeure. — Voy. *Louage de services, Perte, Salaires.*
Franc de port. — Effets de cette condition, 180. — Voy. *Vente.*
Fraude. — Voy. *Louage de services.*

G

Gens de service. — Sens légal de ces expressions, 12. — Le commis-voyageur doit-il être rangé dans la catégorie des gens de service à gages? 12.

Gens de travail. — Ce qu'il faut entendre par ces expressions, 88. — Voy. *Prescription.*

H

Héritier. — Voy. *Mandat.*

I

Immixtion. — Voy. *Courtage illicite.*

Incapable. — Une personne incapable, telle qu'un mineur, peut être commis-voyageur, 108 ; elle peut être représentant de commerce, 36. *App.* — Voy. *Commerce.*

Injure. — Voy. *Louage de services.*

Insolvabilité. — Voy. *Responsabilité.*

Institeur. — Points de ressemblance entre le commis-voyageur et l'institeur ambulant des Romains, 1, 2.

Interdiction. — Voy. *Louage de services, Mandat.*

Intérêts. — *Quid* des intérêts des sommes touchées par le commis-voyageur, et dont il applique une partie à ses besoins ? 57. — *Quid* s'il ne les a pas employées à son profit? 58. — Celui auquel il est promis un émolument proportionnel sur les bénéfices nets de la maison ne doit-il pas supporter la déduction des intérêts des capitaux empruntés par le patron pour les besoins de son commerce ? 74? — Droit du commis-voyageur à l'intérêt des avances faites pour le patron, 76. — *Quid* à l'égard des appointements ou des droits de commission promis? 76.-- Taux de l'intérêt des avances, 77. — *Quid* si le commis a entre les mains, pour une somme égale à celle qu'il a déboursée, des valeurs appartenant au patron? 78. — *Quid* s'il est en retard pour rendre son compte? 79. —Intérêts des sommes employées à son usage par le représentant de commerce. ou de celles dont il est reliquataire, 59. *App.* — Taux de ces intérêts, 60. *App.* —Intérêts des avances du représentant de commerce, 67. *App.* — Voy. *Prescription.*

J

Juge de paix. — Voy. *Compétence.*

L

Législation. — Voy. *Courtage.*

Lettre missive. — Le préposant peut-il contraindre le commis-voyageur qui cesse ses fonctions, à lui remettre les lettres missives qu'il lui avait adressées? 63, 161.

Livraison. — Voy. *Vente.*

Louage de services. — Le contrat formé entre le commis-voyageur et son préposant est-il un louage de services? 14. — De l'engagement des services pour un temps indéfini, 22. — Pour un temps déterminé, 23. — L'engagement du commis-voyageur, dont la durée est limitée, peut-il cesser par la volonté de l'une des parties? 122. — *Quid* s'il s'agit d'un commis-voyageur intéressé ? 123, 124. — *Quid* lorsque le patron cède son établissement avant l'expiration du terme de l'engagement? 125. — *Quid* si, dans l'hypothèse précédente, une clause avait déterminé la somme due par le patron pour le cas où il renverrait le commis avant l'époque convenue? 126. — *Quid* si le commis quitte, avant le temps fixé, pour une cause honnête? 127.— L'engagement, dont la durée n'est pas limitée, peut-il cesser par la volonté de l'une des parties? 128, 129, 130. — *Quid* lorsque les parties sont convenues de ne résilier qu'après s'être prévenues un certain temps d'avance? 131. —Révocation expresse ou tacite du commis-voyageur, 132. — *Quid* s'il ignorait la volonté du préposant? 133. — Le manquement à la loi du contrat est une cause de résolution, 134. —*Quid* des défauts graves du préposé? 135. — *Quid* si le commis a fait des opérations pour son compte?136.— *Quid* des injures graves? 137. — *Quid* de la fraude du patron à l'égard de ses clients? 138. — *Quid* de la force majeure? 139. — *Quid* de la perte de l'établissement?140. — *Quid* de l'incapacité morale ou physique du commis? 141.— Rupture de l'engagement du commis appelé sous les drapeaux, 143. — *Quid* s'il s'est volontairement engagé? 144. —

Quid si, prévenu d'un délit, il a été mis en prison, 145. — Rupture de l'engagement par la mort du commis, 146. — La mort du préposant est-elle une cause d'extinction de l'engagement? 147. — *Quid* de la faillite du patron? 148, 149, 150. — S'il avait été stipulé en faveur du commis une somme à titre d'indemnité pour le cas de décès du patron et une somme plus forte pour celui de résiliation volontaire de la part de ce dernier, quelle est celle qui devrait être allouée en cas de faillite? 151. — L'interdiction du préposant est-elle une cause de rupture de l'engagement, 152. — *Quid* de la dissolution de la société? 153. — *Quid* de la faillite de la société? 154. — Cessation des fonctions du commis par l'arrivée du terme, 155. — Restitution par le commis des titres, pièces ou documents, 160. — Voy. *Mandat, Tacite reconduction.*

M

Mandat. — Le contrat intervenu entre le commis-voyageur et le préposant est-il un mandat salarié? 14. — Le commis-voyageur a-t-il le pouvoir de consommer définitivement les marchés sans un pouvoir exprès à cet effet? 95. — Exposé des deux systèmes absolus sur la question précédente; dissentiment; examen de la question et de la jurisprudence; résumé, 95. — Précautions que les tiers doivent prendre quand ils traitent avec un commis-voyageur, 96. — A quelle condition le commis-voyageur peut-il, sans un pouvoir exprès, engager son préposant? 100. — *Quid* du règlement de compte? 101. — *Quid* des emprunts? 102. — *Quid* des effets de commerce souscrits par le commis-voyageur? 103. — *Quid* de l'assurance des marchandises par lui vendues? 104. — Le commis-voyageur chargé de vendre des marchandises a-t-il le pouvoir d'en recevoir le prix? 105. — Même question pour le représentant de commerce, 57. *App.* — Extinction des pouvoirs du commis-voyageur à l'égard des tiers, 162 et suiv. — Différents modes d'extinction, 163. — Les pouvoirs du commis-voyageur durent-ils en cas de décès du patron? 170. — *Quid* en cas de faillite? 171. — *Quid* en cas de dissolution de société? 172. — Validité des négociations faites par les tiers de bonne foi, dans le cas d'extinction du mandat, 173. — Le contrat formé entre un représentant de commerce et le représenté est un mandat salarié, 3, 4, 34. *App.* — Comment ce mandat peut se donner au représentant, et être accepté par lui, 34. *App.* — Le représentant doit exécuter le mandat accepté par lui, 41. *App.* — Peut-il recevoir d'un commerçant le mandat de vendre des marchandises, et d'un autre, le mandat d'en acheter de semblables? 54. *App.* — Extinction du mandat par la mort du représenté ou du représentant de commerce, 81. *App.* — Devoirs du représentant en cas d'extinction du mandat par le décès du représenté. 82. *App.* — Devoirs des héritiers du représentant qui est décédé, 83, *App.* — Extinction du mandat par l'interdiction, la faillite ou la déconfiture du représentant de commerce, 84. *App.* — *Quid* en cas de dissolution de la société qui a donné le mandat? 85. *App.* — *Quid* lorsque le représentant a ignoré la cause d'extinction de son mandat, 86. *App.* — *Quid* si les tiers n'ont pas connu la cause qui a mis fin au mandat, 87. *App.* — Voy. *Commis-voyageur, Contrat, Renonciation, Représentant de commerce, Révocation, Vente.*

Mise en demeure. — Voy. *Intérêts.*

N

Notification. — Voy. *Renonciation.*

Novation. — Celle qui résulte de l'acceptation par l'acheteur d'une traite faite sur lui par l'expéditeur; conséquences relativement à la compétence, 193.

Nullité. — Les négociations faites par des intermédiaires sans qualité, dans les villes où il existe des courtiers, sont-elles nulles? 29. *App.* — Voy. *Contrat, Engagement à vie.*

O

Obligation. — Quelles sont les obligations du commis-voyageur vis-à-vis du préposant? 26 et suiv. — Quelles sont celles du préposant envers le commis-voyageur? 69 et suiv. — Quelles sont les obligations du représentant de commerce? 42 et suiv. *App.* — Quelles sont celles du représenté? 63 et suiv. *App.* — Voy. *Commis-voyageur, Préposant, Représentant de commerce, Représenté.*

P

Patente. — Le commis-voyageur n'est pas soumis à la patente, 10. — Dans quels cas il peut y être soumis, 10. — *Quid* des commis-voyageurs des nations étrangères? 10. — Les représentants de commerce sont assujettis à la patente par la loi du 4 juin 1858, 3. *App.*

Perte. — De la perte par force majeure des choses ou des sommes remises au commis-voyageur par le préposant, 59. — Le préposant est-il tenu d'indemniser le commis-voyageur des pertes essuyées par lui dans sa gestion? 86. — Indemnité due au représentant de commerce pour les pertes essuyées par lui dans sa gestion, 70. *App.* — Voy. *Prescription.*

Pouvoir exprès. — Voy. *Mandat.*

Préposant. — Ses obligations vis-à-vis du commis-voyageur, 69 et suiv. — Relativement aux appointements du commis, 69. — *Quid* lorsque le commis est dans l'impossibilité d'accomplir les services promis? 72. — *Quid* si cette impossibilité n'est que momentanée? 72. — Obligation du préposant relative au remboursement des avances faites par le commis-voyageur, 75. — Est seul obligé par les traités du commis, 94. — *Quid* lorsque le commis, accrédité par son patron, et ayant les pouvoirs nécessaires pour terminer les marchés, les conclut dans les limites des usages du commerce? 97. — Le préposant est seul investi contre les tiers des droits et actions, 110. — Voy. *Action directe, Droit de rétention, Intérêts, Perte, Prescription, Preuve, Privilège.*

Préposé. — Ce que c'est, 4. *App.* — Voy. *Représentant de commerce.*

Prescription. — Par quel laps de temps l'action en paiement des appointements du commis-voyageur se prescrit-elle? 88. — *Quid* si le commis était convenu avec le patron de lui laisser chaque année ses appointements pour être capitalisés et produire des intérêts se capitalisant eux-mêmes? 89. — Par quel temps les commissions ou remises proportionnelles se prescrivent-elles? 90. — *Quid* de la prescription des avances? 91. — *Quid* de l'action en indemnité, dans le cas de perte? 92. — Prescription des actions entre le représentant de commerce et le représenté, 72. *App.* — Prescription des intérêts des sommes appartenant au représenté et que le représentant a touchées et employées à son usage, 72. *App.* — Prescription des intérêts des avances faites par le représentant au représenté, 72. *App.*

Preuve. — Comment peut se prouver le contrat formé entre le commis-voyageur et le préposant, 25. — De la preuve concernant la quotité des salaires du commis-voyageur et les paiements faits par le patron, 70. — La disposition de l'art. 1781 C. Nap. n'est pas applicable aux rapports du patron et du commis-voyageur, 71. — Preuve de l'existence du contrat formé entre le représentant de commerce et le représenté, 38, 39. *App.* — Voy. *Révocation.*

Privilège. — Du privilège attribué au commis-voyageur pour le paiement de ses salaires, 82. — Le privilège ne doit pas être étendu aux remises proportionnelles, 83. — N'est point accordé pour les avances faites par le commis-voyageur, 84. — *Quid* du privilège de l'art. 2102, n° 3, C. Nap.? 85. — Le représentant de commerce a-t-il un privilège? 68. *App.*

Prix. — Voy. *Compétence, Mandat, Vente.*

Procuration. — Voy. *Mandat, Révocation.*

Prohibition. — De la clause par laquelle le commis-voyageur s'engage, pour le cas où il quitterait le préposant, à n'exploiter ni par lui-même, ni par d'autres, la tournée dont il est chargé, 64. — Dans quels cas cette clause est valable, 64. — Quels en sont les effets, si la condition prévue se réalise? 65. —

Examen de plusieurs hypothèses, 66 et suiv. — Voy. *Engagement à vie.*

Q

Quasi-délit. — Voy. *Responsabilité civile.*

R

Ratification. — Effets, à l'égard du préposant, de la ratification, soit expresse, soit tacite, 55. — Effets de la ratification à l'égard des tiers, 107. — Voy. *Courtage illicite.*

Recouvrement. — Voy. *Représentant de commerce.*

Règlement de compte. — Voy. *Mandat.*

Remise proportionnelle. — Voy. *Prescription, Privilége.*

Renonciation. — Dans quels cas le représentant de commerce peut renoncer au mandat, 77. *App.* — *Quid* s'il était dans l'impossibilité de continuer sa mission sans en éprouver un préjudice considérable? 78. *App.* — Notification de la renonciation au représenté, 79. *App.* — Devoirs du représentant en cas de renonciation, 80. *App.*

Représentant de commerce. — Observations générales sur les représentants de commerce, et sur leur utilité, 1. *App.* — Comment les représentants de commerce agissent, 2. *App.* — Ne doivent pas être confondus avec les préposés, 4. *App.* — Distinction entre le mandat des représentants de commerce et celui des courtiers de marchandises, 6. *App.* — Limites de l'exercice de l'industrie des représentants de commerce, 10. *App.* — Obligations diverses du représentant de commerce vis-à-vis du représenté, 42, 43, 44, 45, 46. *App.* — *Quid* s'il vend pour un prix inférieur, ou s'il achète pour un prix supérieur à celui de ses instructions? 48. *App.* — Peut-il vendre à terme? 49. *App.* — *Quid* s'il a vendu à crédit sans en avoir le pouvoir? 49. *App.* — *Quid,* dans le cas précédent, s'il a vendu à un prix supérieur à celui qui lui était fixé pour la vente au comptant? 50. *App.* — *Quid* si les marchandises achetées par lui ne sont pas de l'espèce ou de la qualité demandée? 51. *App.* — *Quid* si, chargé de plusieurs ordres, il a dépassé sur un point le prix indiqué, tandis que sur un autre il a fait meilleure la condition du représenté? 52. *App.* — Il ne peut pas faire payer au représenté les marchandises plus cher qu'il les a achetées, 53. *App.* — Il doit faire les recouvrements, 56. *App.* — Rendre compte au représenté, 58. *App.* — Rapports du représentant de commerce avec les tiers, 62. *App.* — Voy. *Commerçant, Compétence, Courtage illicite, Courtier, Dommages-intérêts, Droit de rétention, Faillite, Interdiction, Intérêts, Mandat, Notification, Perte, Prescription, Privilége, Renonciation, Révocation, Solidarité.*

Représenté. — Ses obligations vis-à-vis du représentant de commerce, 63 et suiv. *App.* — Le représenté doit payer au représentant la rétribution qui lui est due, 64. *App.* — Rembourser ses avances, 65. *App.* — *Quid* si les marchandises non vendues n'avaient été envoyées au représentant que sur ses sollicitations? 66. *App.*

Résiliation. — Voy. *Louage de services.*

Résolution. — Voy. *Louage de services.*

Responsabilité. — Celle qui résulte de l'imprudence, de la négligence ou de l'impéritie du commis-voyageur, 46. — Dans quels cas le commis-voyageur est responsable de l'insolvabilité des tiers avec lesquels il a traité, 47. — *Quid* {du représentant de commerce? 47. *App.*

Responsabilité civile. — Les préposants sont civilement responsables des délits ou quasi-délits commis par leurs voyageurs dans l'exercice de leurs fonctions, 109.

Rétention (*Droit de*). — Accordé au commis-voyageur sur le corps certain acheté pour le compte de son patron, 81. — Droit attribué au commis de *compenser* et *retenir* sur les sommes du patron, qu'il a en sa possession, le montant de ses avances et déboursés, 80. — Le représentant de commerce a-t-il le droit de rétention? 69. *App.*

Révocation. — Ce que doit faire le préposant qui veut révoquer les pouvoirs de son préposé, 164. — *Quid* si, lorsque la révocation n'a pas eu de publicité, les tiers l'ont cependant connue? 165. — Qui doit prouver cette connaissance? 166. — Par quels modes? 166. — *Quid* si le préposant prétend qu'un marché, que le commis a consenti par acte sous seings privés, est antidaté et postérieur à la révocation? 167. — *Quid* lorsqu'il est établi que le tiers avait connaissance de la révocation? 168. — Le préposant peut-il demander l'exécution des actes passés avec le commis par les tiers de bonne foi qui ignoraient la révocation? 169. — Révocation des pouvoirs donnés au représentant de commerce; ses effets, 73. *App.* — *Quid* s'il a été stipulé que le mandat ne pourra être révoqué sans que le représentant reçoive une indemnité? 74. *App.* — Révocation tacite, exemple, 75. *App.* — Remise, en cas de révocation, de l'acte contenant les pouvoirs, 76. *App.*

S

Salaires. — Quels salaires sont dus au commis-voyageur, en cas de force majeure, 142. — Voy. *Commis-voyageur, Préposant, Prescription, Preuve, Privilége.*

Société. — Voy. *Courtage illicite, Louage de services, Mandat.*

Solidarité. — Les représentés sont tenus solidairement vis-à-vis du représentant de commerce, quand il s'agit d'une opération commune, 71. *App.*

Substitué. — Voy. *Substitution.*

Substitution. — Le commis-voyageur peut-il se substituer quelqu'un dans sa gestion? 49 et suiv. — *Quid* si l'opération avait été menée à bonne fin par le substitué? 50. — *Quid* si le préposant a autorisé le commis à se faire remplacer par une personne désignée? 51. — *Quid* si la personne n'a pas été désignée? 52. — *Quid* si le commis se trouve atteint d'un empêchement personnel et imprévu? 53. — La responsabilité du préposant s'étend-elle aux actes passés par celui que le com-mis-voyageur s'est substitué dans sa gestion? 106. — *Quid* si la substitution était autorisée? 106. — *Quid* si elle ne l'était pas? 106. — Les tiers ont-ils une action contre le commis-voyageur, quand il s'est substitué quelqu'un dans sa gestion, en agissant au nom du préposant, et en vertu de son autorisation? 120. — En cas de cessation des pouvoirs du commis, le préposant est-il tenu de ratifier les actes passés de bonne foi par le délégué? 158. — La révocation du commis fait-elle tomber les pouvoirs du délégué qui a été désigné par le patron? 159. — Voy. *Action directe.*

T

Tacite reconduction. — L'engagement du commis-voyageur peut-il recommencer par tacite reconduction? 156.

Terme. — Voy. *Représentant de commerce.*

Tiers. — Voy. *Action directe, Commis-voyageur, Mandat, Ratification, Substitution.*

Tribunal civil. — Voy. *Compétence.*

Tribunal de commerce. — Voy. *Compétence.*

U

Usage. — Voy. *Préposant.*

V

Vente. — L'achat de marchandises effectué par un commis-voyageur ayant les pouvoirs nécessaires pour le conclure, n'est-il parfait qu'après la dégustation par le préposant, s'il s'agit de choses que l'on est dans l'usage de goûter? 98. — La vente consentie par le commis-voyageur au-dessous du prix fixé par sa procuration lie-t-elle le préposant? 41, 99. — Comment s'opère la livraison d'une marchandise vendue et expédiée par le vendeur, 178. — *Quid* lorsque la chose vendue est du nombre de celles que l'on est dans l'usage de goûter avant d'en conclure l'achat? 179. — *Quid* si la facture des marchandises expédiées porte la condition *franc de port?* 180. — Où le prix d'une vente doit-il, en thèse, être exigé? 182. — Un représentant de commerce ne peut acheter pour son compte les marchandises qu'il est chargé de vendre, 55. *App.* — *Voy. Commis-voyageur, Compétence, Mandat, Représentant de commerce.*

FIN DE LA TABLE ALPHABÉTIQUE.

DIJON, TYPOGRAPHIE J.-E. RABUTÔT.

BIBLIOTHEQUE NATIONALE DE FRANCE
3 7511 00359038 0